こども
まんなか
福祉論

保育士養成課程「子ども家庭福祉」テキスト

新沼英明 ● 編著

中央法規

はじめに

　児童の権利に関する条約（以下、子どもの権利条約）では「子どもの最善の利益」を謳い、あらゆる施策を講じる際には子どもの利益を最大限尊重することを求めています。日本の児童福祉法も子どもの権利条約の精神にのっとって子どもの権利を保障しようとしています。

　この『こどもまんなか福祉論』は、徹底して子どもを中心に据え、子どもと子どもを取り巻く環境を解説するように編集されています。ともすると「子どもを守る」と言いながら、保護者や保育者の都合が優先されることはないでしょうか。例えば、保育所は何のためにあるのかを考えた場合、保護者が子どもを保育所に預けて、より働きやすくすることが目的なのでしょうか。このような理解はあくまで保護者を中心とした「おとな」の視点です。保育所は保護者が働いている間に、子どもに必要なケアや教育を行って発達を保障し、保護者が働いていて自宅を不在にしても、安心して子どもが成長できるように用意された施設といえるのです。このように、このテキストでは子どものための制度、政策、そして子どもが育つ環境を、子どもの視点からとらえ直そうとしています。

　ところで、福祉とはどういう意味でしょうか。辞書を紐解くと「幸せ」と記されていることでしょう。子どもの「幸せ」を一概に定義することは難しいことです。しかし、日本では1951（昭和26）年に「児童憲章」が制定されていて、その文章が参考になります。

　「児童憲章」は前文と12の項目から成り立っていて、これを子どもたちへの「約束」ととらえるならば、この約束をすべて果たすことができていれば、今、この国にいる子どもたちすべてが「幸せ」な状態といえるでしょう。以下は児童憲章に書かれていることです。

＊＊＊＊＊＊＊＊＊＊＊＊＊＊＊

われらは、日本国憲法の精神にしたがい、児童に対する正しい観念を確立し、すべての児童の幸福をはかるために、この憲章を定める。

児童は、人として尊ばれる。
児童は、社会の一員として重んぜられる。
児童は、よい環境のなかで育てられる。

一　すべての児童は、心身ともに、健やかにうまれ、育てられ、その生活を保障される。
二　すべての児童は、家庭で、正しい愛情と知識と技術をもつて育てられ、家庭に恵まれない児童には、これにかわる環境が与えられる。
三　すべての児童は、適当な栄養と住居と被服が与えられ、また、疾病と災害からまもられる。
四　すべての児童は、個性と能力に応じて教育され、社会の一員としての責任を自主的に果すように、みちびかれる。

五　すべての児童は、自然を愛し、科学と芸術を尊ぶように、みちびかれ、また、道徳的心情がつちかわれる。

六　すべての児童は、就学のみちを確保され、また、十分に整つた教育の施設を用意される。

七　すべての児童は、職業指導を受ける機会が与えられる。

八　すべての児童は、その労働において、心身の発育が阻害されず、教育を受ける機会が失われず、また児童としての生活がさまたげられないように、十分に保護される。

九　すべての児童は、よい遊び場と文化財を用意され、わるい環境からまもられる。

十　すべての児童は、虐待、酷使、放任その他不当な取扱からまもられる。
　　あやまちをおかした児童は、適切に保護指導される。

十一　すべての児童は、身体が不自由な場合、または精神の機能が不十分な場合に、適切な治療と教育と保護が与えられる。

十二　すべての児童は、愛とまことによつて結ばれ、よい国民として人類の平和と文化に貢献するように、みちびかれる。

＊＊＊＊＊＊＊＊＊＊＊＊＊＊＊＊

　どうでしょうか。ここに書かれている「約束」を、いまこの国に住んでいる子どもたちすべてに果たしているといえるでしょうか。

　子どもへの虐待通告は年間 20 万件を超え、保育所や幼稚園などでのいわゆる「不適切保育」に関する報道は後を絶ちません。子どもの貧困問題も深刻です。いま、子どもを取り巻く環境は決して好ましい状態とはいえないのではないでしょうか。

　児童憲章をはじめとする理念は単に「スローガン」であってはなりません。専門職である保育士には、子どもに対する「約束」をきちんと果たしていくために、児童憲章などの理念をしっかりと点検して、課題を見出すことが求められます。

　このテキストでは、児童憲章の条文の一部を参考に、子どもの権利をしっかり守るためにはどうすればよいかを考えます。そして、この憲章に書かれていること以外に必要な事項も書き加え、全体として保育士養成課程における「子ども家庭福祉」の教授内容を網羅しています。すべて子どもを中心に据え、子ども目線で子どもの幸せを追求できるように編纂しました。

　2023（令和 5）年 4 月に「こども家庭庁」が発足しました。子どもや子育て家庭に対する支援をするうえで大切な視点を「こどもまんなか」と表現しています。このテキストはまさに「こどもまんなか」を意識しています。保育士を目指す学生、保育士復職の準備をしている社会人、そして、現在保育士として現場に立つ方の学び直しとして用いられることを期待しています。すべての子どもの「幸せ」が実現できる社会とは何か、このテキストを土台に考えていきましょう。

2024 年 7 月　新沼英明

目次

はじめに

Chapter 1　子ども家庭福祉の歴史

Section 1　戦前の子どもと家庭の姿 … 2
Section 2　戦後の子どもと家庭の姿 … 7
Section 3　現代の子どもと家庭を取り巻く課題 … 10

Chapter 2　子どもの権利条約

Section 1　子どもの権利条約 … 22
Section 2　子どもの権利条約の4つの原則 … 25
Section 3　こども基本法の制定 … 28

Chapter 3　子ども家庭福祉の制度と実施体系

Section 1　子ども家庭福祉の制度 … 32
Section 2　子ども家庭福祉の法体系①児童福祉法 … 36
Section 3　子ども家庭福祉の法体系②児童福祉六法 … 39

Chapter 4　社会的養護と子ども家庭福祉の専門職

Section 1　社会的養護とは … 46
Section 2　児童福祉施設と子ども家庭福祉の専門職 … 50
Section 3　社会的養護の課題と展望 … 55

Chapter 5　子どもの貧困対策

Section 1　子どもの貧困問題 … 60
Section 2　子どもの貧困対策のこれから … 69

Chapter 6　母子保健と子どもの健全育成

Section 1　母子保健政策 … 76
Section 2　子どもの健全育成 … 82

Chapter 7　次世代育成支援と地域との連携・協働

Section 1　次世代育成支援と子ども家庭福祉の推進 … 90
Section 2　地域における連携・協働とネットワーク … 96

Chapter 8　子ども虐待とドメスティック・バイオレンス

Section 1　子ども虐待の早期発見と予防 … 104
Section 2　ドメスティック・バイオレンスの防止 … 114

Chapter 9　少年非行

Section 1　少年非行の現状 … 120
Section 2　少年非行の背景 … 125
Section 3　非行少年への支援と課題 … 128

Chapter 10　障害のある子どもへの対応

Section 1　障害とは … 132
Section 2　障害のある子どもの支援 … 138

Chapter 11　子どもの権利と福祉〜子どもの人権擁護〜

Section 1　現代の子どもは幸せ？ … 144
Section 2　子どもの権利と福祉を守るための課題の検討 … 151

Chapter 12　少子化と地域子育て支援～今日の保育制度～

Section 1　少子化社会における保育の実施体制 … 158
Section 2　保育制度の課題と展望 … 165

Chapter 13　多様な保育ニーズへの対応（1）

Section 1　病児・病後児保育 … 170
Section 2　医療的ケア児への対応 … 176

Chapter 14　多様な保育ニーズへの対応（2）

Section 1　外国にルーツのある子どもと保護者への支援 … 184
Section 2　性的マイノリティの子どもへの支援 … 191

Chapter 15　外国（韓国）の動向

Section 1　普遍主義に基づく保育政策および各種手当 … 198
Section 2　支援対象児童に向けた「ドリームスタート」 … 202
Section 3　保護対象児童に向けた「児童保護サービス」 … 205

索引

Chapter 1

子ども家庭福祉の歴史

児 童 憲 章

十二　すべての児童は、愛とまことによつて結ばれ、よい国民として人類
　　　の平和と文化に貢献するように、みちびかれる。

　みなさんは、「子ども」や「家族」「家庭」という言葉を聞くと、どのようなイメージを抱きますか。現代社会においては、すべての子どもの基本的人権が尊重され、子どもに権利があることが認識されています。しかし、子どものための福祉制度や実践がない時代も存在しました。「子ども」が大人の従属物として扱われ、「未熟な・小さな大人」として認識されていた時代もあります。このように、「子ども」の概念やとらえ方は、時代の流れとともに「保護の対象」から「権利の主体」へと変化してきたのです。

　児童憲章第 12 条で示されているように、すべての児童は「国民」、すなわち社会の一員として認識されています。Chapter 1 では、「子ども」や「家族」「家庭」という概念を整理したうえで、日本の子ども家庭福祉の歴史的展開や、子どもの権利が認められてきた過程を①第 2 次世界大戦前、②第 2 次世界大戦後、③現代の 3 つに区分して整理していきます。

事前学習

「家族」や「家庭」とは何でしょうか。自身の考えを整理してみましょう。
子どもの権利が尊重されていない状況とは、どのような状況を思い浮かべますか。
あなたがニュースや新聞記事で関心を抱いた内容をまとめたうえで、自身の考えを整理しましょう。

Section 1　戦前の子どもと家庭の姿

ねらい

● 「子ども」や「家族」「家庭」などの概念を整理したうえで、日本の子ども家庭福祉の歴史的変遷を学びます。

1　子ども、家族、家庭の定義と背景

（1）「子ども」の定義

　ここでは、「子ども」や「家族」「家庭」の定義について整理します。

　「子ども」という概念が、子どもにかかわる法律のなかでどのように表現されているのかをみてみると、「児童」「未成年者」など複数の表現が使用されています。1994（平成6）年に国連の「子どもの権利条約」を批准するにあたり、日本国内でも条約や法律で「児童」と「子ども」のどちらを使用するか議論がなされました。正式名称は「児童の権利に関する条約」、通称は「子どもの権利条約」と定められました。主な法律における「児童」の定義は表1-1のとおりです。「子ども・子育て支援新制度」（2015（平成27）年開始）では「子ども」、「こども基本法」（2023（令和5）年4月施行）では「こども」という表現が使用されています。こども基本法でいう「こども」は、「心身の発達の過程にある者」を指し（第2条第1項）、年齢ではなく成長特性をもとに定義しています。

2　Section 1　戦前の子どもと家庭の姿

表1-1 法律上における「児童」の定義（年齢）

法律	定義
児童福祉法（第4条第1項）	満18歳に満たない者
母子及び父子並びに寡婦福祉法（第6条第3項）	20歳に満たない者
児童手当法（第3条第1項）	18歳に達する日以後の最初の3月31日までの間にある者
児童ポルノ禁止法（第2条第1項）	18歳に満たない者

（2）「家族（Family）」の定義

　家族の本質的な意味は、エンゲルスが定義した「人間そのものの生産、種の繁栄のための集団」です。人類学における「家族」とは親族関係、夫婦関係に基づいたつながり、血縁や婚姻によって結ばれた人々を指します。ジョージ・マードックは1組の夫婦とその未婚の子どもからなる家族を「核家族」と呼び、社会を構成する最小構成単位としました。日本の代表的な家族モデルとして、父親が働いて家計を支え、母親は家事・育児を中心に担う「近代家族」が確立され、家父長制や性別役割分業意識などが定着しました。多くの場合、生命と生活の再生産や相互扶助は家族を単位として行われていますが、これは時代とともに変化しています。

　近年、拡大家族、核家族（夫婦と未婚の子、夫婦）、血縁関係のない親と子（養子、里子、ステップファミリー）、事実婚、同性婚・同性パートナーシップ、単身世帯など、さまざまな家族の形[1]があります。すなわち、子どもにとって家族とは、①血縁関係の有無にかかわらず、②子ども期の生活を支え、健康・心身の発達を保障する養育者であり、③愛情を与えてくれる人であり、安心・安全な居場所でもあります。

（3）「世帯（Household）」の定義

　「世帯（Household）」は「生活経済」の単位です。国勢調査における一般世帯の定義は、「住居と生計を共にしている人の集まり」または「一戸を構えて住んでいる単身者」です。病院や自衛隊の基地、矯正施設等の集合居住区に居住している人は一般世帯に含まれません。

　日本では世帯内で収入の多い人が「主たる生計維持者」として位置づけられ、主にその役割を男性が担ってきました。女性は、主に専業主婦とし

---

1 さまざまな家族の形

このほか、「サムボ」（スウェーデンのお試し婚で、非法律婚のカップルが共同で継続的に生活を行い、共同で財産を管理し、家計を維持する）や、「女性婚」（女性が男性として女性と結婚する）などがあります。

Chapter 1

子ども家庭福祉の歴史

て家事・育児に従事することや家計補助者としてパートタイムで働くことが念頭におかれ、「労働による自立」は想定されていませんでした。近年、働く女性が増加し、夫妻で家計を担いつつありますが、ケア役割は依然として女性が中心的に担っています。女性が働きながら、家庭内のケアも中心的に行った（負担が偏った）結果、子どもにとっては2つの問題が発生する場合があります。1つ目に、養育の困難さ、時間やケアの負担、1人で子育てを行うことで孤立していく「孤育て」などの複合的な困難が重なることで、過度な負担が子どもへの虐待につながる場合があります。2つ目に、婚姻時は非正規雇用でも問題ありませんが、仮に男性と離別すると、女性が子どもを引き取る形となる場合が多く、自身と子どもの生計を維持するための十分な賃金を稼いでいない場合、女性と子どもの貧困問題につながります[2]。

（4）「家庭（Home）」の定義

「家庭」とは、子どもにとっては育つ場であり、親にとっては子どもを育てる場となっています。言い換えれば、安心できる場所、生活拠点となる「居場所」としての役割を果たしています。子どもの権利条約の採択（1989年）や国際家族年（1994年）などを経て、保護的な福祉観から脱却することが求められています。子ども家庭福祉は、家庭を視野に入れ、家庭と社会との協働で子育てを行っていくという視点を加えています。

2 第2次世界大戦以前の取り組み

（1）子ども家庭福祉関連法令

ここでは、明治時代から第2次世界大戦までの法令・制度の動きを見ていきましょう。明治時代は近代国家を形成するための法制度の整備などが進められた時期です[3]。この時期の施策は慈恵的であり、貧困・困窮対策が中心でした。

子どもを対象とした救済の始まりは、593（推古元）年に聖徳太子によって建設された四箇院（敬田院、施薬院、療病院、悲田院）です。特に、悲田院では成人の貧困者と身寄りのない孤児を養育しており、孤児救済の取り組みとしては日本最古でした。江戸時代までは、天災・飢饉によって生

---

2 養育費

「養育費受領率の達成目標について」において、2031年までに全体の受領率を40%、うち養育費の取り決めをしている場合の受領率を70%にすることをめざすと定められました。養育費の全体での受領率は、2003（平成15）年に17.7%だったのが、2021（令和3）年には28.1%と上昇していますが、依然として不十分です。

3 明治時代と婚姻

明治時代に戸籍制度が新設されました。1898（明治31）年民法では、妻が夫の氏を称する形でしたが、現行民法では、「夫婦は、婚姻の際に定めるところに従い、夫又は妻の氏を称する」（第750条）と規定されています。戸籍法では、「同氏同籍の原則」が含まれています。

活が困窮する人が多く、堕胎や間引き、人身売買などが発生し、子どもは生命の危機に直面していました。こうした状況を危惧した徳川幕府は、1690（元禄 3 ）年に「棄児禁止の布令」を、1767（明和 4 ）年に間引き禁止令を発令し、子どもの救済を行いました。また、町人を統制するため、五人組制度などが設けられました。五人組制度では、農民・町民の隣近所を 5 戸 1 組に編成し、相互扶助で、年貢の納入や犯罪防止、キリスト教徒に対する監視などに連帯責任を負わせました。

　近代において子どもが福祉施策の対象となるのは、1874（明治 7 ）年の恤救規則[4]が最初です。貧困者の救済を目的とし、日本で最初の公的扶助制度として位置づけられています。その対象は、身寄りがなく、高齢、幼少、疾病、障害等により、労働に従事できない極貧の人々（「無告の窮民」）に限定しています。この制度は、「人民相互ノ情誼」による家族・隣人間の相互扶助を原則とし、貧困者の救済は国の義務ではありませんでした。当時は生活保障という観点は希薄で、貧困者はあくまで「恩恵」・「憐れみ」の対象とされていたため、スティグマ（恥辱の烙印）の問題が生じました。

　1900（明治 33）年に感化法が公布されました。1911（明治 44）年には工場法が公布され、年少・女子労働者を長時間労働や深夜労働などの過酷な労働から保護しました。そして、日本初の社会保険立法となる健康保険法が 1927（昭和 2 ）年に施行されました。本法は 1922（大正 11）年に公布されていましたが、翌年に関東大震災が起きたため、施行は 1927（昭和 2 ）年まで延期されました。

　1929（昭和 4 ）年に恤救規則よりも対象者を拡大し、生活保護の前身ともいうべき救護法が公布されました。貧困者の救済が国の義務となりましたが、対象は「65 歳以上の老衰者、13 歳以下の幼者、妊産婦、障害者や病者」という労働能力のない者に限定しました。対象者に欠格条項が設けられ、貧困者の救済に対する国家責任の明確な規定がなく、失業による困窮は対象に含まれないなど、救済の内容においても限定的でした。また、対象者には選挙権が与えられず、救済請求権を認めないという問題を残していました。

　1933（昭和 8 ）年に、①感化法を発展させた少年救護法と、②強制労働や虐待から子どもを保護することを目的とした旧児童虐待防止法の 2 つが制定されました。また、1917（大正 6 ）年に岡山県済世顧問制度が、翌年に大阪府方面委員制度が創設されたのを契機として 1936（昭和 11）年に

4 世界の社会保障制度

世界に目を向けると、イギリスの社会保障制度、特に公的扶助の起源はエリザベス救貧法（1601 年）です。労働能力の有無によって①「有能貧民」、②「無能貧民」、③「児童」の 3 つに分類し、無能貧民は救済の対象に、有能貧民には労働を強制しました。また、無能貧民と児童には家族に扶養義務が定められ、それができない児童は強制的に徒弟奉公に従事させられました。

方面委員令が公布され、国によって現在の民生委員の前身である方面委員制度が定められました。この頃には、子どもを国家が保護するというパレンス・パトリエの考え（国親思想）も芽生え始めていました。

（2）明治時代に活躍した活動家

恤救規則からあぶれた子どもたちの保護を行ったのが、宗教団体や篤志家などの民間団体や民間人でした。孤児や棄児などを対象に、明治時代に開設された代表的な施設は、ジャン‐ジャック・ルソーの「エミール」をモデルに、孤児の教育と保護に尽力した石井十次による岡山孤児院[5]です。

石井亮一は、1891（明治24）年に日本初の知的障害児施設である滝乃川学園を創立し、また、知的障害は病ではなく、発達の遅滞であるとして一人ひとりに合った教育の必要性を訴え、「知的障害児教育の父」と呼ばれたクリスチャンです。1891（明治24）年に発生した濃尾地震で多数の孤児が生まれ、女性の人身売買が行われていることに憤りを感じ、石井十次と合流して孤児救済にあたりました。

1897（明治30）年、片山潜がキングスレー館を設立し、セツルメント運動に尽力しました。1899（明治32）年には、留岡幸助が感化院の家庭学校を東京に設立し、1914（大正3）年には北海道家庭学校を設立しました。また、1900（明治33）年、野口幽香らは貧民のための二葉幼稚園を創立しました。当時は、富裕層の子どもが通う幼稚園があっても、貧民のための保育施設はありませんでした。野口は、そのような時代にフレーベルの理念を学び、自然とのふれあいを重視し、よい環境のもとで育てればどの子も立派に育つと考え、実践を展開しました。

5 岡山孤児院

1887（明治20）年に設立された、現在の児童養護施設の原型となる施設で、イギリスのバーナードホームの影響を受け、小舎制による家庭養護が行われました。1891（明治24）年には濃尾地震による孤児を引き取り、1906（明治39）年の東北大飢饉の際には6回にわたり、多い時には1200名の子どもたちを東北から受け入れました。

Section 2 戦後の子どもと家庭の姿

ねらい

● 戦後の子どもと家庭を概観し、「権利の主体」への歴史的展開を学びます。

1 「保護の対象」から「権利の主体」へ

（1）児童福祉法の成立

　第2次世界大戦終戦後の混乱期は、日本国内には多数の浮浪児や貧困者、戦災孤児が存在し、路上生活を送る子どもたちが街にあふれていました。孤児の保護は戦後の日本にとって重要な課題であり、1945（昭和20）年9月に戦災孤児等保護対策要綱が定められました。

　また、1947（昭和22）年には児童福祉法が制定されました。現代のように対象を「全ての子ども」とするのか、保護が必要な子どもに限定するのかについては決定していませんでしたが、前文に現在の児童憲章の内容が含まれる案もありました。この当時の児童福祉関連法としては、身体障害者福祉法（1949（昭和24）年公布）、生活保護法（1950（昭和25）年公布）、社会事業法（現・社会福祉法、1951（昭和26）年公布）がありました。このように、戦後の孤児や浮浪児の救済から、貧困家庭の子どもや貧困に起因した非行問題までを対象とし、子どもを救済・保護する機能が中心でした。

（2）子ども家庭福祉への発展

　1950年代後半に入ると、高度経済成長が始まり、工業化とともに都市部への人口移動と核家族化が急速に進みました。1950（昭和25）年の社会保障制度審議会による「社会保障制度に関する勧告」（いわゆる50年勧告）では、「社会福祉とは、国家扶助の適用をうけている者、身体障害者、児童、その他援護育成を要する者が、自立してその能力を発揮できるよう、

必要な生活指導、更生補導、その他の援護育成を行うことをいうのである」と定義されました。日本国憲法の第25条（生存権）や第89条（公の支配）などの規定により、国の責任のもとで政策が推進されました。

1956（昭和31）年には「もはや「戦後」ではない[6]」、「果して「戦後」は終ったか[7]」という言葉が登場します。1960（昭和35）年に閣議決定された所得倍増計画により、経済成長が進みます。共働き家庭が増加し、これを支えるために、保育所の拡充が図られました。1964（昭和39）年には母子福祉法（現・母子父子寡婦福祉法）が制定、また家庭児童相談室が創設され、子ども家庭福祉へと発展していきます。

2 児童福祉から子ども家庭福祉へ

（1）子ども家庭福祉の概念

1980年代以降に登場した子ども家庭福祉の概念は、従来の児童福祉の概念に、「家庭」というキーワードが組み込まれたものです。特に、1981（昭和56）年の中央児童福祉審議会による「今後のわが国の児童家庭福祉の方向について（意見具申）」の中で、「児童家庭福祉」という言葉が誕生し、「子ども」と「子どもが生活する家庭」の両方を視野に入れた新しい福祉観が必要であることが提唱されました。

柏女霊峰は「子ども家庭福祉の概念は、子どもを直接のサービスの対象とする児童福祉の視点を超え、子どもが生活し、成長する基盤となる家庭をも福祉サービスの対象として認識していこうとする考え方をもとに構成された概念」[*1]であると論じています。1994（平成6）年は、エンゼルプランの策定、子どもの権利条約の批准、「国際家族年」という国際動向など、日本の子ども家庭福祉が大きく変化した年でした。1997（平成9）年に児童福祉法の改正が行われ、「保護」から「自立支援」へと考え方が転換されました。1999（平成11）年には「新エンゼルプラン」が策定され、子育てをしながら働き続けることができる環境の整備がなされました。

＊1 柏女霊峰「子ども家庭福祉学とは何か」『総合福祉研究』第21号、2017年

---

6 もはや「戦後」ではない

『昭和31年度 経済白書』の序文で、同年には流行語となりました。経済白書では、「回復を通じての成長は終わった。今後の成長は近代化によって支えられる」と述べられ、当時は警句としても解釈されましたが、新たな時代への凱歌ともいえます。

7 果して「戦後」は終ったか

『昭和31年度 経済白書』に対して、同年の『厚生白書 昭和31年度版』で反論がなされました。国民としての生活水準が最低線を下回っている低所得階層が存在しており、貧困とその周辺の問題、つまり生活困窮者と低所得階層の問題は、取り組まなければならない最大の社会問題であることが述べられています。また、貧困対策の不十分さや貧困に対する意識の低さなどを問題視すべきであるとの指摘もあり、同様の記述は翌年の厚生白書でも示されています。

（2）子ども家庭福祉の３つの概念

　子ども家庭福祉には、３つの重要な概念があります。

　第一に、子どもと家庭のウェルビーイング（心身ともに満たされた状態）です。生存権や社会権が保障されていることを前提に、「個人の権利や自己実現が保障され、身体的・精神的・社会的に良好な状態を実現すること」が目指されています。この場合、「自立」とは経済的自立だけではなく、社会的自立も重視されます。第二に、エンパワメント（本来の力を引き出すこと）やストレングス（その人が本来もつ力）です。第三に、パーマネンシー（永続的解決）です。

Section 3 現代の子どもと家庭を取り巻く課題

ねらい

● 現代の子どもと家庭を取り巻く状況と課題を整理します。

1 少子高齢化

(1) 高齢化の状況

総務省統計局「人口推計（2024（令和 6 ）年 7 月報）」によると、2024（令和 6 ）年 7 月 1 日現在の概算値で、日本の総人口は 1 億 2396 万人です。前年同月に比べて 55 万人（0.44 ％）減少しています。日本の人口は 2008（平成 20）年をピークに減少へと転じ、2056 年には 1 億人を下回り、2065 年には 9000 万人まで減少すると予想されています。1990 年代から 15 〜 64 歳の労働力人口の減少が顕著になり、少子高齢化が進行しています。2007（平成 19）年には高齢化率が 21.5 ％に到達し、実に国民の約 5 人に 1 人が 65 歳以上という「超高齢社会」を迎えました。さらに、2022（令和 4 ）年には高齢化率が 29.0 ％に上昇しました。

日本の高齢化の速度は、他国に比べて極めて速いという特徴を有しています。倍加年数[8]で比較すると、フランスが 115 年、スウェーデンが 85 年、アメリカが 72 年、比較的短いイギリスが 46 年、ドイツが 40 年であるのに対し、日本は 1970（昭和 45）年に 7 ％を超えると、その 24 年後の 1994（平成 6 ）年には 14 ％に到達しています。一方で、アジア諸国を見ると、韓国が 18 年、シンガポールが 15 年など、日本を上回る速度で高齢化が進行している国もあります（表1-2）。

(2) 低下する合計特殊出生率

戦後の日本における合計特殊出生率は、1966（昭和 41）年の丙午の 1.58 が最低でしたが、1989（平成元）年はそれを下回る過去最低の 1.57 を記録しました。この「1.57 ショック」を契機に、政府は「エンゼルプラン」

---

8 倍加年数

高齢化社会（高齢化率が 7 ％を超えた社会）から高齢社会（高齢化率が 14 ％を超えた社会）に到達するまでの年数のことです。高齢化率が 21 ％を超えると、超高齢社会と呼ばれます。

表1-2　高齢化の速度

国	高齢化率の到達年		倍加年数
	7 %	14%	
日本	1970	1994	24
フランス	1864	1979	115
スウェーデン	1887	1972	85
アメリカ	1942	2014	72
イギリス	1929	1975	46
ドイツ	1932	1972	40
中国	2001	2023	22
韓国	2000	2018	18
シンガポール	2006	2021	15

出典：内閣府編『令和6年版 高齢社会白書』p.9、2024年をもとに筆者作成

を策定し、少子化対策に着手しました。

　しかし、その後も減少しつづけ、2005（平成17）年の合計特殊出生率は1.26と史上最低となりました。2015（平成27）年には1.45まで回復しましたが、再び減少に転じ、2020（令和2）年は1.33という低水準を記録しています。さらに、2023（令和5）年は1.20（概数）と過去最低の数値となっています。2020（令和2）年からの新型コロナウイルス感染症拡大も産み控えの一因になり、今後も少子化が深刻になっていくことが予想されています。

2　ワーク・ライフ・バランス

（1）世帯構造の変化

　1997（平成9）年に「男性雇用者と無業の妻から成る世帯」（約921万世帯）の数を「雇用者の共働き世帯」（約949万世帯）の数が上回って以降、右肩上がりで共働き世帯の数が増加しています。2021（令和3）年には共働き世帯の数が約1247万世帯に到達しています。2022（令和4）年には25〜44歳の女性の就業率が約80％に達し、これに対応できるように、保育の受け皿がつくられるようになりました。

　2013（平成25）年に「3本の矢」の成長戦略の1つとして「女性活躍」

が打ち出されましたが、依然として、女性が結婚や出産・育児などを機に離職し、育児が終わるとともに復帰する、いわゆる「M字カーブ問題」が残存しています。図1-1を見ると、若い世代ほどM字の底上げが進んでいることがわかります。その背景には、育児休業や時間短縮勤務、フレックスタイムやテレワークなどの導入により、仕事と家庭生活の両立を図る就労環境の整備が行われたことが関係しています。「働き方改革」では、長時間労働の是正、雇用形態にかかわらない公正な待遇の確保、柔軟な働き方がしやすい環境整備、ダイバーシティの推進が行われています。しかし、いまだに女性が結婚・出産・育児などのライフイベントを機に離職する、女性の役員数が少ないといった状況は続いています。これらの状況を考慮すると、男女ともにライフイベントとキャリア形成を両立できる環境づくりは、世界的に見て遅れていることが読み取れます。

また、「M字カーブ問題」だけではなく、出産を機に女性が非正規雇用化する「L字カーブ問題」も生じています（図1-2）。日本では、家事や育児などのケア役割が女性に偏在する構造が残存しています。そのため、2023（令和5）年に男女問わず、多様で柔軟な働き方の推進、男性の家事や育児などの分担を後押しすること等によって、女性の負担を軽減し、女性のキャリアアップや所得向上に向けた取り組みを強化していく方針が打ち出されました（「女性活躍・男女共同参画の重点方針2023」）。

（2）共働き世帯と子どもの放課後：放課後児童クラブ（学童保育）

1960～70年代にかけて、共働き世帯の増加に伴い、「鍵っ子」や「留守家庭児童」が増加し、子どもの放課後の過ごし方に焦点があてられました。1998（平成10）年には学童保育が「放課後児童健全育成事業」として児童福祉法上に明記され、登録者数も年々増加しています。

学童保育の対象年齢は、おおむね10歳未満でしたが、2015（平成27）年4月から開始した子ども・子育て支援新制度で小学6年生までと明確になりました。「令和5年 放課後児童健全育成事業（放課後児童クラブ）の実施状況（令和5年5月1日時点）」によれば、2023（令和5）年の放課後児童クラブの登録児童数は145万7384人で、前年に比べると6万5226人増加しています。一方で、利用できなかった児童数（待機児童数）も前年に比べて1096人増加し、1万6276人となっています。

図1-1　女性の年齢階級別労働力率（M字カーブ）の推移

○女性の年齢階級別労働力率（M字カーブ）について昭和56（1981）年からの変化を見ると、昭和56（1981）年は25〜29歳（50.0％）及び30〜34歳（48.9％）を底とするM字カーブを描いていたが、令和3（2021）年では25〜29歳が86.9％、30〜34歳が79.4％と上昇しており、以前よりもカーブは浅くなり、M字の底となる年齢階級も上昇。

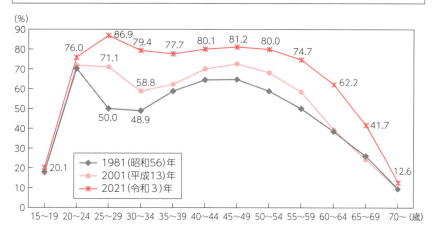

（備考）1．総務省「労働力調査（基本集計）」より作成。
　　　　2．労働力率は、「労働力人口（就業者＋完全失業者）」／「15歳以上人口」×100。
出典：内閣府編『令和4年版 男女共同参画白書』p.126、2022年

図1-2　女性の年齢階級別正規雇用比率（2023（令和5）年）

○女性の年齢階級別正規雇用比率は25〜29歳の59.1％をピークに低下（L字カーブ）。

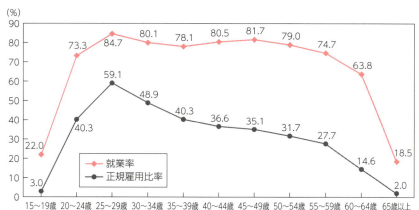

（備考）1．総務省「労働力調査（基本集計）」より作成。
　　　　2．就業率は、「就業者」／「15歳以上人口」×100。
　　　　3．正規雇用比率は、「正規の職員・従業員」／「15歳以上人口」×100。
出典：内閣府編『令和6年版 男女共同参画白書』p.125、2024年

待機児童数を学年別に見ると、小学校低学年（小学 1 ～ 3 年生）は 491 人、小学校高学年（小学 4 ～ 6 年生）は 605 人増加しました。また、障害のある子どもの全児童数に占める割合は 4.1 ％です。待機児童の問題については、2023 年にこども家庭庁が解消に向けて対策を練っています（放課後児童パッケージ）。待機児童の問題を子どもの視点からとらえると、①放課後の居場所がない、②保護者が不在の間安心・安全に過ごすことができない、③同世代の子どもたちと交流する機会がない、という 3 つの課題があります。そのため、迅速な対応が求められています。

3 子どもと家庭を取り巻く課題

（1）ヤングケアラー

ここからは、ヤングケアラー支援の強化に関する法改正の経緯についてみていきます。2021（令和 3）年の「ヤングケアラーの支援に向けた福祉・介護・医療・教育の連携プロジェクトチーム報告」では、今後取り組むべき施策として、①早期発見・把握、②支援策の推進、③社会的認知度の向上が設定されました。また政府は、2022（令和 4 年）度予算から「ヤングケアラー支援体制強化事業」等により、地方自治体における実態調査、関係機関研修、支援体制構築等の取組推進を順次開始しました。しかし、ヤングケアラー支援に関する法律上の位置づけがなく、加えて地方自治体においても誰がどのような支援を行うかが明確でなく、自治体ごとに進捗状況や支援内容にばらつきがあるという課題がありました。

そこで、「子ども・子育て支援法等の一部を改正する法律」（2024（令和 6）年 6 月 12 日）公布）は、ヤングケアラーとは、「家族の介護その他の日常生活上の世話を過度に [9] 行っていると認められる子ども・若者」（子ども・若者育成支援推進法第 2 条第 7 号）であると示しました。こども家庭庁による 2023（令和 5）年 12 月の改正案でも、ヤングケアラーは国や地方公共団体等が各種支援に努めるべき対象として明記されています。2022（令和 4）年 12 月 16 日から 2023（令和 5）年 1 月 16 日にかけて、小学 6 年生、中学 2 年生、高校 2 年生（高専・定時制含む）、大学 3 年生を対象に実施し、約 2 万人から回答を得た「青森県ヤングケアラー実態調査」の結果を見ると、ケアを行う対象は、「妹・弟」（41.9 ％）が最も多く、

9「過度に」

ヤングケアラーの定義中の「過度に」とは、子ども・若者が「家族の介護その他の日常生活上の世話」を行うことにより、「社会生活を円滑に営む上での困難を有する」状態に至っている場合を指します。こどもにおいてはこどもとしての健やかな成長・発達に必要な時間（遊び・勉強等）を、若者においては自立に向けた移行期として必要な時間（勉強・就職準備等）を奪われたり、ケアに伴う身体的・精神的負荷がかかったりすることで、負担が重い状態になっている場合を指しています。

次いで「母親」(26.1％)、「祖母」(20.7％)、「祖父」(15.2％)、「父親」(15.1％)
の順でした。また、ヤングケアラーを「孤独ケアラー[10]」「メインケアラー[11]」
「サブケアラー[12]」の３つに分類した結果、「サブケアラー」が全体の約
70％を占めて最も多く、次いで「メインケアラー」が約25％、「孤独ケア
ラー」が約6％でした。責任や負担の大きさによっては、学業や友人関
係などに影響が生じ、本人のライフチャンスが制約される場合があります。
また、青森県の調査結果では、約8割が「相談経験がない」という回答で
した。

「ヤングケアラー」には、18歳以上からおよそ30歳代までのケアラー
が想定されています。ヤングケアラーには、大きく分けて、ヤングケアラー
がケアを継続して18歳を超えている場合と、18歳を超えてからケアの担
い手となる場合の２つがあります。市町村や学校、既存の団体（福祉団体、
福祉サービス事業者、児童館、学童保育、子ども食堂など）と連携し、支
援を必要とする子どもに対して迅速に対応できるよう、支援体制の構築が
求められています。

（2）ヤングケアラーへの支援

1）対象年齢

　子ども・若者育成支援推進法では、ヤングケアラーの支援の対象年齢は、
こども期（18歳未満）に加え、進学や就職の選択などの自立に向けた重
要な移行期を含む若者期を切れ目なく支えるという観点から、おおむね
30歳未満を中心としています。ヤングケアラーとして、家族の世話を担い、
必要な時間を奪われたことにより、社会生活を円滑に営むうえでの困難を
有する状態に引き続き陥っている場合など、状況に応じて40歳未満の人
も対象となります。

2）ヤングケアラーの把握

①市区町村における記名式等による実態把握と都道府県の役割について

　ヤングケアラーを把握し、個別具体的な支援につなげるためには、安心
して自身や家庭の状況を話せる関係づくりが重要です。学校関係者などに
対するヤングケアラーの状況や心情に関しての理解促進や、市町村による
定期的（年に1回程度）な実態調査が望まれます。また、都道府県は、広
域的な調査を実施したうえで、条例の制定や計画策定など、広域的に支援
体制を整備するための取組を進めることが求められます。

---

10 孤独ケアラー

家族と一緒にではな
く、子どもが中心的に
一人でお世話をしてい
る状態を指します。

11 メインケアラー

家族と一緒に、子ども
が中心的にお世話をし
ている状態を指しま
す。

12 サブケアラー

中心的にお世話をして
いる家族を手伝う状態
を指します。

Chapter 1　子ども家庭福祉の歴史

②支援の必要性、緊急性の高い者への優先的な支援について

　支援を進めるにあたっては、特に支援の必要性、緊急性が高い人へ優先的に支援を展開していくことも重要とされています。具体的には、保護者が病気や障害のために日常的なケアを要する、ケアの担い手が子どものみである、周りに話を聞いてくれる人がいないなどの場合です。生活保護や児童扶養手当を受給しているケースもあるため、福祉事務所、こども家庭センター、学校などとの連携が必要です。

３）ヤングケアラーへの支援

①18歳未満の支援

　要支援児童等に該当する児童については、市区町村のこども家庭センター等においてサポートプラン（SP）を作成し、包括的・計画的な支援を行います。当該児童やその保護者が支援を拒否している場合等であっても、はたらきかけを丁寧に行うことが必要です。こども家庭センターがヤングケアラーへの支援を担う場合の具体的な流れは、こども家庭庁「こども家庭センターガイドライン」を参照してください。

②18歳以上の支援

　都道府県の役割として、活動圏域が広域になることなどを踏まえ、①オンラインなど若者がアクセスしやすい方法も取り入れながら、個々の相談に応じ、状況やニーズ・課題の整理を支援すること、②それらを踏まえ必要な支援に向けて市区町村へつなぐこと、③専門的な相談支援やピアサポート等を行う体制を整備することがあげられます。具体的には、管内の子ども・若者総合支援センター等を18歳以上のヤングケアラーへの対応を中心的に行う主体とする、ヤングケアラー・コーディネーターを配置する、管内をカバーしうる民間支援団体等に依頼するなどです。

　また、市区町村には、年齢による切れ目のない支援を目的として、本人が担っているケアを外部サービスの導入により代替していくなどの具体的な支援の際に、中心的な役割を果たすことが期待されています。

（３）その他の子どもと家庭を取り巻く問題

　児童虐待やドメスティック・バイオレンスの相談件数も年々増加しています。子どもに目を向けると、暴力行為、いじめや不登校の問題が増加しています。「児童生徒の問題行動・不登校等生徒指導上の諸課題に関する調査結果」によれば、2022（令和４）年度の小・中・高等学校における暴

力行為の発生件数は9万5426件であり、前年度から1万8985件（24.8％）増加しています。児童生徒1000人あたりの発生件数は7.5件（前年度6.0件）です。小学校に限定すると、暴力行為の発生件数は6万1455件と、前年度から1万3317件（27.8％）増加しており、児童生徒1000人あたりの発生件数は9.9件（前年度7.7件）です。2020（令和2）年度は、全国一斉休校など教育活動が制限されたことにより、暴力行為の減少がみられましたが、2021（令和3）年度は新型コロナウイルス感染症流行前の2019（令和元）年度並みに戻り、2022（令和4）年度では再び増加し、過去最多となっています。

　いじめについては、小・中・高等学校及び特別支援学校におけるいじめの認知件数は68万1948件であり、前年度に比べ6万6597件（10.8％）増加しています。児童生徒1000人あたりの認知件数は53.3件（前年度47.7件）です。こちらも、2020（令和2）年度は大幅に減少しましたが、2022（令和4）年度では再び増加し、過去最多となっています。その背景には、部活動や学校行事が再開されて、児童や生徒同士の接触機会が増加するとともに、いじめ防止対策推進法におけるいじめの定義やいじめの積極的な認知に対する理解が広がったことがあげられます。学年別にみると、全学年において前年度よりも増加していますが、特に小学校低学年の発生率は依然として高い状況にあります（図1-3）。

　2023（令和5）年4月からは、いじめ重大事態に関して、各学校または学校の設置者は国への報告を行うことになりました。いじめ防止対策推進法第28条第1項第1号および第2号に定めるいじめ重大事態については、「こども政策の新たな推進体制に関する基本方針～こどもまんなか社会を目指すこども家庭庁の創設～」において、文部科学省とこども家庭庁が情報を共有し、第28条に基づく調査における第三者性の確保や運用等についての改善などの必要な対策をともに講じることとされています。また、こども家庭庁は、1人1台の端末等を活用した「心の健康観察」の推進や、問題の早期発見・支援のための教育相談支援体制の充実を図っています。

図1-3 学年別いじめの認知件数

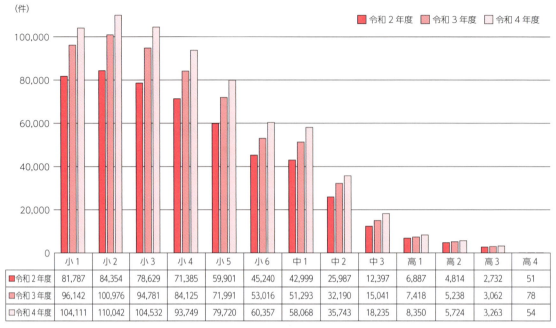

(件)	小1	小2	小3	小4	小5	小6	中1	中2	中3	高1	高2	高3	高4
令和2年度	81,787	84,354	78,629	71,385	59,901	45,240	42,999	25,987	12,397	6,887	4,814	2,732	51
令和3年度	96,142	100,976	94,781	84,125	71,991	53,016	51,293	32,190	15,041	7,418	5,238	3,062	78
令和4年度	104,111	110,042	104,532	93,749	79,720	60,357	58,068	35,743	18,235	8,350	5,724	3,263	54

※各学年の認知件数には、特別支援学校小学部・中学部・高等部の認知件数を含む。
出典：文部科学省「令和4年度 児童生徒の問題行動・不登校等生徒指導上の諸課題に関する調査結果の概要（いじめ関連部分抜粋版）」p.7、2023年

Discussion Time

　ヤングケアラーは、家庭内の私的な事柄としてとらえられ、支援が必要な状態であっても、本人や家族が自覚しておらず、問題が表面化しにくい構造があります。今回は「家族」が問題を内面化してしまう状況を踏まえ、教育者・保育者としてどのように対応していくのか、あなたの考えをまとめてください。そのあと、周りの人と意見交換をしましょう。

討論のヒント

　ヤングケアラーは、学校生活などでどのような困難に直面するでしょうか。また、教育者・保育者に求められる役割はどのようなものでしょうか。

事後学習

ヤングケアラーの実態を各自で調べましょう。

参考文献

- 青森県健康福祉部こどもみらい課「青森県ヤングケアラー実態調査報告書」2023 年
- 一般社団法人全国保育士養成協議会監、宮島清・山縣文治編『ひと目でわかる 保育者のための子ども家庭福祉データブック 2024』中央法規出版、2023 年
- 伊藤純・斎藤悦子編著『ジェンダーで学ぶ生活経済論 第 2 版──現代の福祉社会を主体的に生きるために』ミネルヴァ書房、2015 年
- 岩田正美『現代の貧困──ワーキングプア／ホームレス／生活保護』筑摩書房、2007 年
- 岩田正美・武川正吾・永岡正己・平岡公一編『社会福祉の原理と思想──社会福祉原論』有斐閣、2003 年
- 江口英一編著『社会福祉と貧困』法律文化社、1981 年
- 柏女霊峰「子ども家庭福祉学とは何か」『総合福祉研究』第 21 号、2017 年
- 小杉礼子・宮本みち子編著『下層化する女性たち──労働と家庭からの排除と貧困』勁草書房、2015 年
- こども家庭庁「令和 5 年 放課後児童健全育成事業（放課後児童クラブ）の実施状況（令和 5 年 5 月 1 日現在）」2023 年
- 「こども政策の新たな推進体制に関する基本方針〜こどもまんなか社会を目指すこども家庭庁の創設〜」（令和 3 年 12 月 21 日閣議決定）
- 小馬徹『「女性婚」を生きる──キプシギスの「女の知恵」を考える』神奈川大学出版会、2018 年
- 社会保障制度審議会「社会保障制度に関する勧告」1950 年
- 杉本貴代栄編著『女性学入門 改訂版──ジェンダーで社会と人生を考える』ミネルヴァ書房、2018 年
- すべての女性が輝く社会づくり本部・男女共同参画推進本部「女性活躍・男女共同参画の重点方針 2023（女性版骨太の方針 2023）」2023 年
- 総務省統計局「人口推計 2024 年（令和 6 年）6 月報」2024 年
- 中央児童福祉審議会「今後のわが国の児童家庭福祉の方向性について（意見具申）」1981 年
- 内閣府編『令和 4 年版 男女共同参画白書』2022 年
- 内閣府編『令和 6 年版 高齢社会白書』2024 年
- 内閣府編『令和 6 年版 男女共同参画白書』2024 年
- 中坪史典・山下文一・松井剛太・伊藤嘉余子・立花直樹編集委員『保育・幼児教育・子ども家庭福祉辞典』ミネルヴァ書房、2021 年
- 平岡公一・杉野昭博・所道彦・鎮目真人『社会福祉学』有斐閣、2011 年
- 文部科学省「令和 4 年度 児童生徒の問題行動・不登校等生徒指導上の諸課題に関する調査結果の概要（いじめ関連部分抜粋版）」2023 年
- 文部科学省初等中等教育局児童生徒課「いじめ重大事態に関する国への報告について（依頼）」（令和 5 年 3 月 10 日事務連絡）
- 山縣文治「子ども家庭福祉と子ども中心主義──政策視点と支援視点からみた子ども」『子ども社会研究』21 巻、2015 年
- ヤングケアラーの支援に向けた福祉・介護・医療・教育の連携プロジェクトチーム「ヤングケアラーの支援に向けた福祉・介護・医療・教育の連携プロジェクトチーム報告」2021 年

Chapter 2

子どもの権利条約

児童憲章

児童は、人として尊ばれる。
児童は、社会の一員として重んぜられる。
児童は、よい環境のなかで育てられる。

　"こどもまんなか"の社会を実現するためには、子どもが生まれながらにもっている権利について理解しなければなりません。児童福祉法第1条に「全て児童は、児童の権利に関する条約の精神にのつとり、適切に養育されること、その生活を保障されること、愛され、保護されること、その心身の健やかな成長及び発達並びにその自立が図られることその他の福祉を等しく保障される権利を有する」とあるように、日本は子どもの権利条約を批准しているため、その精神にならって子どもの最善の利益を追求していかなければなりません。

　子どもの権利保障の原点は「子どもの最善の利益」です。これについて国連などは子どもに向けて「子どもにとって最もよいこと」と説明しています。Chapter 2 では、子どもの権利条約を手がかりに、子どもがもつ固有の権利と、その権利を守るための取り組みについて解説します。

事前学習

よく耳にする「子どもの最善の利益」とは何か、調べてみましょう。

Section 1 子どもの権利条約

ねらい

● 子どもの権利保障の土台となる考え方や観念について理解し、Section 2 に進みましょう。

　通常は「権利」を獲得すると「義務」も生じます。例えば、身体障害者福祉法には「すべて身体障害者は、社会を構成する一員として社会、経済、文化その他あらゆる分野の活動に参加する機会を与えられるものとする」（第2条第2項）とある一方、「すべて身体障害者は、自ら進んでその障害を克服し、その有する能力を活用することにより、社会経済活動に参加することができるように努めなければならない」（第2条第1項）と、努力義務ではあるものの、義務も併せて規定されています。知的障害者福祉法や老人福祉法も同様です。ところが、子どもには、一部例外はありますが、基本的に権利だけが一方的に与えられています。しかし、権利の主体として子どもが位置づけられているにもかかわらず、特に幼い子どもは自らが保有するその権利を主張することができません。

　ですから、子どもの権利は大人が積極的に保護することが必要です。また、児童虐待に代表されるように、子どもは特に家庭内において権利侵害を受ける場合が少なくありません。そのため、保育者等の専門職は子どもの権利を代弁する（アドボカシー[1]）ことも大事です。特に、子どもは愛され守られる権利があるにもかかわらず、その権利を主張できない存在です。ですから、子どもの立場に立ち、子どもにとって最も良いことを行ったり、主張したりする「子どもアドボカシー」の視点が重要です。子どもの最善の利益を守るためには周囲の大人が子どもに代わって権利を主張することが望まれます。

　Section 1 ではまず、子どもの権利について集約的かつ（批准国において）

---

1 アドボカシー

アドボカシーとは意見表明の支援や「代弁」を意味し、福祉分野では主に自らの権利を主張できない人に代わって権利を主張する場合に使います。

世界的な共通認識である「子どもの権利条約」を解説する一方、その権利が十分に守られているのかを検証していきます。

1　子どもの権利条約の成り立ちと理念

　子どもの権利条約の成り立ちは、1976年まで遡ります。この年の国連総会は「国連児童年に関する決議」を採択しました。その決議を採択して以降、国連では1959年に国連総会で採択された「児童の権利に関する宣言」の趣旨を各国で実現するために国際条約化しようとする動きが現れ、ワーキンググループが組織され、条約草案の作成が進められました。その後、1989年11月の国連総会で「子どもの権利条約」が採択され、1990年に発効しました。日本は1994（平成6）年に批准しました。

　子どもの権利条約は18歳未満のすべての者を児童と定義し、児童に関するすべての措置をとるにあたっては「児童の最善の利益」が主として考慮されるものとしています[1]。また、児童に、生命に対する固有の権利、養育される権利、自由に自己の意見を表明する権利、結社の自由及び平和的な集会の自由についての権利を認め[2]、子どもに「権利を与えられる」という受動的な権利に加えて、「権利の主体」として能動的な権利をも認めることになりました。子どもの権利条約の基本原則はSection 2で詳しく述べます。

2　日本における子どもの権利擁護

　日本では児童福祉法に子どもの権利条約の理念が引き継がれています。前述のように、子どもの権利条約の精神にのっとり、子どもに対するあらゆる施策を実施することが謳われています。以下は児童福祉法の「総則」です。

＊1 中央法規出版編集部編『六訂社会福祉用語辞典』中央法規出版、p.228、2012年
＊2 同上

> 第 1 条　全て児童は、**児童の権利に関する条約の精神にのつとり**、適
> 切に養育されること、その生活を保障されること、愛され、保護さ
> れること、その心身の健やかな成長及び発達並びにその自立が図ら
> れることその他の福祉を等しく保障される権利を有する。

　法律は単なる「決まりごと」ではありません。特に児童福祉法に書かれ
ていることは子どもへの「約束」と理解してよいでしょう。この条文では
①適切に養育されること、②生活を保障されること、③愛され、保護され
ること、④（子どもの）心身の健やかな成長及び発達並びにその自立が図
られること、が子どもに対しての約束です。加えて、注目すべきは主語が
「全て児童」であることです。つまり、一人の例外もなくすべての児童に
①から④の権利が約束されているのです。例えば、障害や国籍などを理由
にした例外的な取り扱いは一切排除していることも知っておかなければな
りません。

　では、現在の日本ではこれらの約束はすべて守られているでしょうか。
例えば、①のとおり、すべての子どもが適切に養育される権利をもってい
るにもかかわらず、2022（令和 4 ）年度の児童虐待の相談対応件数は約
22 万件で、統計開始以来一度も減少したことがありません[3]。また、②
のとおり、健やかな生活が保障されていながら、2021（令和 3 ）年におけ
る子どもの貧困率は 11.5 ％であり、ひとり親家庭では 44.5 ％にものぼり
ます[4]。この部分だけ見ても、子どもたちへの約束を果たしているとは
言いがたい現状が伺え、課題が大きいことがわかります。

　また、子どもたちは「権利」があっても、その権利を十分に主張できま
せん。そのため、大人が子どもの権利を代弁し、擁護する必要があります。
つまり、アドボカシーの視点です。そのためには子どもの気持ちに十分に
寄り添い、子どもにとっての最善の利益は何かを常に考えることが必要で
す。このアドボカシーを行う保護者や保育者には、権利擁護の視点を十分
に備えた対応が求められます。

＊ 3 こども家庭庁「令和 4 年度 児童相談所における児童虐待相談対応件数（速報値）」p.1、2023 年
＊ 4 厚生労働省「2022（令和 4 ）年 国民生活基礎調査の概況」p.14、2023 年

Section 2 子どもの権利条約の4つの原則

ねらい

● 子どもの権利条約における4つの権利を理解し、国際的に理解されている「子どもの最善の利益」について考えてみましょう。

子どもの権利条約は、締約国に対して、以下の4つの原則を守るように求めています。日本でもこの4つの原則を守るためにさまざまな国内法[2]を整備していますが、Section 1に述べたとおり、課題も多くあります。Section 2では、4つの原則とそれぞれの課題について考えます。

2 国内法
国際法である条約に対して、日本国内で効力をもつのが国内法（法律）です。

1 差別の禁止

子どもの権利条約第2条では「締約国は、その管轄の下にある児童に対し、児童又はその父母若しくは法定保護者の人種、皮膚の色、性、言語、宗教、政治的意見その他の意見、国民的、種族的若しくは社会的出身、財産、心身障害、出生又は他の地位にかかわらず、いかなる差別もなしにこの条約に定める権利を尊重し、及び確保する」とされています。近年は、グローバル化にともなう国際結婚や、外国人労働者の増加により外国にルーツをもつ子どもが多くいます。そうした子どもたちは、時に日本の文化に馴染めなかったり、特定の食べ物を口にできなかったりして、友だち同士のからかいの対象になってしまう可能性があります。多文化共生社会を目指す日本ですが、いかなるルーツをもつ子どもも受け入れる十分な土壌ができているとはまだ言い切れません。保育者など周囲の大人があらゆる差別を許さないことはもちろん、子どもたちが差別を憎み、皆が共生する社会を目指すはたらきかけも考えていかなければなりません。

また、障害のある子どもも差別の対象になりやすい存在です。周囲の保育者には差別をするつもりがなくても、配慮を欠いた言動をしてしまう可能性があります。私たちは、当事者になることはできません。いくら知識を蓄積しても、完全に当事者の抱える悩みや苦しみを理解することはでき

ない弱い存在です。大切なのはその「弱さ」を自覚し、相手の立場に立って物事を考えたり、声をかけたりする気持ちなのではないでしょうか。

また、SNSをはじめとする各種メディアによるマイノリティの否定や、ルッキズム（外見至上主義とも呼ばれる、外見に基づく偏見・差別・判断）なども子どもの心を傷つけます。特にルッキズムは、容貌や体型に対するからかい・いじめの原因となりやすく、日常会話の延長で無意識に生じる差別です。保育者は、子どもが差別的な言動にさらされないよう十分に配慮する必要があります。

2 子どもの最善の利益

子どもの権利条約における子どもの最善の利益について、より子どもにわかりやすく伝えることを目的とした日本ユニセフ協会抄訳は「子どもにもっともよいことを～子どもに関係のあることが決められ、行われるときには、子どもにもっともよいことは何かを第一に考えなければなりません～」としています（第3条）。

子どもにかかわる決めごとをするときには、子どもにとっての最善の利益は何かを考える必要があります。現在の日本は急激な少子化が進んでおり、それに対するさまざまな施策や法律が国会で議論されています。また、各自治体でも色々な取り組みが継続的に検討されています。その際、単なる少子化対策や経済的支援に終わらず、その施策が子どもにとって最善かどうかを判断するという視点をもつ必要があります。国や自治体と同様に、保育所や幼稚園などの保育・教育施設においても、事業計画や行事などが子どもの最善の利益にかなったものであるかどうかを考える必要があります。

3 生命・生存及び発達に対する権利

いわゆる先進国の一員である日本において「生きる権利」はあまり議論されることはありません。しかし、世界には安全な水を確保できない国がたくさんあり、紛争（戦争）に巻き込まれている子どもが多くいることを

忘れてはなりません。

　一方で、日本では単に「生存する」ことを「生きる」とは考えません。日本国憲法第25条にある「健康で文化的な最低限度の生活」が子どもにも保障されているのかを検討する必要があります。例えば貧困で空腹に耐えている子ども、家庭内の暴力にいつも怯えている子ども、進学に必要なお金が足りない子どもは「健康で文化的」な生活を送っているといえるでしょうか。

　大切なのは「生活の質」です。子どもたちが穏やかに、将来に希望をもって生活ができるようになるためには、まだ課題が多いことがわかると思います。

4 子どもの意見の尊重

　子どもは、自分に影響を与えるすべての事柄について、自由に自分の意見を述べることができます。そして、その意見は大人によって尊重される権利をもっており、これは意見表明権とも呼ばれています。この権利を保障するために、大人は、「子どもは大人の従属的な存在ではない」ということを認識しなければなりません。

　子どもは権利の主体ですが、ともすると「子どものくせに…」と意見を軽視されかねません。もちろん、子どもの意見を無条件にすべて受け入れなければならないわけではなく、きちんと意見を聞いたうえで、子どもにとって最もよい判断をすることが大人には求められるのです。

Section 3 こども基本法の制定

ねらい

● 日本における「こどもまんなか」社会の実現に向けた政策的な流れや取り組みについて理解しましょう。

　ここまで、子どもの権利条約を中心に子どもの権利について考えてきましたが、Section 3 では、子どもの権利を守るための国内法であるこども基本法についてみていきます。政府は 2023（令和 5）年 4 月にこども基本法を施行しました。この法律は「全てのこどもが、（略）心身の状況、置かれている環境等にかかわらず、その権利の擁護が図られ、将来にわたって幸福な生活を送ることができる社会の実現を目指して、（略）こども施策を総合的に推進する」ことを目的にしており（第 1 条）、以下 6 つの基本理念が謳われています。

こども基本法第 3 条（基本理念）

1　全てのこどもについて、個人として尊重され、その基本的人権が保障されるとともに、差別的取扱いを受けることがないようにすること。

2　全てのこどもについて、適切に養育されること、その生活を保障されること、愛され保護されること、その健やかな成長及び発達並びにその自立が図られることその他の福祉に係る権利が等しく保障されるとともに、教育基本法の精神にのっとり教育を受ける機会が等しく与えられること。

3　全てのこどもについて、その年齢及び発達の程度に応じて、自己に直接関係する全ての事項に関して意見を表明する機会及び多様な社会的活動に参画する機会が確保されること。

4　全てのこどもについて、その年齢及び発達の程度に応じて、その意見が尊重され、その最善の利益が優先して考慮されること。

5　こどもの養育については、家庭を基本として行われ、父母その他の保護者が第一義的責任を有するとの認識の下、これらの者に対し

てこどもの養育に関し十分な支援を行うとともに、家庭での養育が困難なこどもにはできる限り家庭と同様の養育環境を確保することにより、こどもが心身ともに健やかに育成されるようにすること。

6　家庭や子育てに夢を持ち、子育てに伴う喜びを実感できる社会環境を整備すること。

こども基本法には、子どもの権利条約や日本国憲法の精神が反映されています。第1項から第5項で改めて「子ども固有の権利」を説くとともに、第6項では進行する少子化に歯止めをかけるための国の責任について言及しています。少子化の進行も相まって、日本の子どもを取り巻く環境や子ども支援の施策は新たなフェーズに入ったといえます。今後も、すべての子どもの幸せを実現するために、どのような施策が展開されるか注視しなければなりません。

ここまで子どもの権利についてみてきましたが、子どもの権利が保障され、子どもが幸せを実感することができて、初めて"こどもまんなか"の社会が実現します。保育や教育に限らず、すべての大人が子どもの権利について改めて強い認識をもたなければなりません。

⏰ Discussion Time

次の事柄について意見を交換してみましょう。

Chapter 2 で学んだとおり、子どもの権利擁護について条約や法律に規定はあるものの、その権利は十分に保障されていなかったり、課題があったりします。

そこで、以下の「子どもの権利条約」の条文（日本ユニセフ協会抄訳）の内容が本当に現代の子どもたちに保障されているか、もし権利侵害が起こっているとすればどのような事例が考えられるかを話し合いましょう。

そのうえで、子どもの権利を広く一般に周知するために、保育や教育の専門職はどうすればよいか、具体的な提案をしてみましょう。

（1）差別の禁止（第2条）
すべての子どもは、みんな平等にこの条約にある権利をもっています。子どもは、国のちがいや、性のちがい、どのようなことばを使うか、どんな宗教を信じているか、どんな意見をもっているか、心やからだに障がいがあるかないか、お金持ちであるかないか、親がどういう人であるか、などによって差別されません。

（2）障がいのある子ども（第23条）
心やからだに障がいがある子どもは、尊厳が守られ、自立し、社会に参加しながら生活できるよう、教育や訓練、保健サービスなどを受ける権利をもっています。

 討論のヒント

　子どもが悲しい思いをしたできごとを新聞やインターネットで調べて参考にし、より具体性をもって検討するとよいでしょう。

事後学習

子どもの権利条約のうち、第2条「差別の禁止」、第3条「子どもにもっともよいことを」、第6条「生きる権利・育つ権利」、第12条「意見を表す権利」を、それぞれ子どもにもわかるやさしい日本語に改変してみましょう。

参考文献
- 公益財団法人日本ユニセフ協会「子どもの権利条約　日本ユニセフ協会抄訳」
- 厚生労働省「2022（令和4）年 国民生活基礎調査の概況」2023年
- こども家庭庁「令和4年度 児童相談所における児童虐待相談対応件数（速報値）」2023年
- 中央法規出版編集部編『六訂社会福祉用語辞典』中央法規出版、2012年
- 堀正嗣編著『子ども・権利・これから』明石書店、2001年

Chapter 3

子ども家庭福祉の制度と実施体系

児童憲章

一　すべての児童は、心身ともに健やかにうまれ、育てられ、その生活を保障される。

十二　すべての児童は、愛とまことによつて結ばれ、よい国民として人類の平和と文化に貢献するように、みちびかれる。

　児童憲章の第 1 条は、子ども家庭福祉の理念そのものであり、その実現こそが子どもを第 12 条にあるような次代の社会を担う人材へと育むことにつながります。そのためには、子どものことを第一に考え、子どもと子育て家庭を社会的に支援していくことが求められます。子ども家庭福祉の理念を国民共通の認識のもとで具現化するには、社会の規範となる法規やしくみが必要です。

　Chapter 3 では、児童福祉法をはじめとする児童福祉六法を中心に、子ども家庭福祉に関係する法体系や制度、施策について学び、どのように子どもの人権や権利、育ちが保障され、子ども家庭福祉の増進が図られているのか、理解を深めます。

事前学習

児童福祉法はなぜ必要だったのか、制定された時代背景を調べましょう。
また、子どもの福祉を守るための制度や法律も調べてみましょう。

Section 1 子ども家庭福祉の制度

ねらい

● 子ども家庭福祉の制度について学びましょう。
● 子ども家庭福祉に関係する制度や法律について把握しましょう。
● 子ども家庭福祉がどのようなしくみで実施されているのか理解しましょう。

1 はじめに

　児童憲章は、日本国憲法の精神にしたがい、子どもの基本的人権を尊重し、すべての子どもの幸福を実現するために社会や大人が守るべき事項を定めたものです。しかし、これは道徳的規範であって、法的な拘束力をもつものではありません。もし、法や規則がなかったら、子どもに命や人権、生活や育ちが脅かされる事態が発生した時、誰が、どのように子どもを守ることができるでしょうか。また、福祉を増進することができるでしょうか。子ども自身や親の努力だけでは困難なことが想像されます。そこで、社会共通の法規範として福祉を定め、その理念としくみに基づき、福祉が講じられることが必要となります。

　Section 1 では、子ども家庭福祉の制度について解説していきます。

32　Section 1　子ども家庭福祉の制度

2 子ども家庭福祉の制度と法体系

第2次世界大戦が終結した翌年の1946（昭和21）年に、日本国憲法が公布されました。憲法が定める基本的人権（第11条）や個人の尊重、生命・自由・幸福追求の権利（第13条）、法の下の平等（第14条）などは、子どもにも等しく保障される国民の権利です。また、生存権（第25条）は児童福祉法の根拠となるものです。

> 第25条　すべて国民は、健康で文化的な最低限度の生活を営む権利を有する。
> 2　国は、すべての生活部面について、社会福祉、社会保障及び公衆衛生の向上及び増進に努めなければならない。

この憲法の精神を具現化するため、1947（昭和22）年に児童福祉法が制定され、日本における子どものための福祉制度が形成されました。これ以降、児童福祉法とともに児童福祉六法に位置づけられる、児童扶養手当法、母子及び父子並びに寡婦福祉法（母子父子寡婦福祉法）、特別児童扶養手当等の支給に関する法律（特別児童扶養手当法）、母子保健法、児童手当法に加え、育児休業、介護休業等育児又は家族介護を行う労働者の福祉に関する法律（育児・介護休業法）、児童買春、児童ポルノに係る行為等の規制及び処罰並びに児童の保護等に関する法律（児童ポルノ禁止法）、児童虐待の防止等に関する法律（児童虐待防止法）、次世代育成支援対策推進法、少子化社会対策基本法、子ども・子育て支援法、子どもの貧困対策の推進に関する法律（子どもの貧困対策法[1]）、医療的ケア児及びその家族に対する支援に関する法律（医療的ケア児支援法）、こども基本法など、その時代の社会的ニーズに応じたさまざまな法律がつくられ、それを根拠に制度や施策などが展開されることで、子どもの福祉が図られてきました。

現在は、少子化対策、次世代育成支援、子育て支援（子ども・子育て支援新制度、待機児童対策、児童の健全育成施策）、要保護児童対策（児童虐待対策、里親制度）、ひとり親家庭支援、障害児福祉、子どもの貧困対策などが推進されています。

1 子どもの貧困対策法

2024（令和6）年6月に成立した改正案により、名称が「こどもの貧困の解消に向けた対策の推進に関する法律」に変更される予定です。

3 子ども家庭福祉に関する行財政

（1）実施主体

　子ども家庭福祉の諸法規に基づく行政は、国、都道府県、市町村の３つのレベルで行われています。国の役割には、制度や施策の企画・立案、統一的な基準の作成、予算の策定などがあげられます。これまで、その中心を厚生労働省が担ってきました。しかし、子ども家庭福祉に求められる社会的ニーズの多様化から、内閣府などその他の省庁でも行政の一端を担うことが増えてきました。そこで、2023（令和５）年４月に新たにこども家庭庁が創設され、幼児教育や義務教育などの教育行政以外の業務を総合的に担う組織へ改編されました。

　都道府県（指定都市を含む）は、市町村への指導・監督、福祉事務所や児童相談所[2]など関係行政機関の設置・指導・監督、社会福祉法人の認可・監督、社会福祉施設の設置認可・監督、児童福祉施設（入所施設）への入所措置などを担っています。

　市町村（特別区を含む）は、最も身近な行政機関として、子どもが心身ともに健やかに育成されるよう、地域住民に密着した福祉サービスを提供する業務を担っています。具体的には、子どもおよび妊産婦の福祉に関する実情の把握、情報の提供、相談の受付、調査、指導などを行っています。2004（平成16）年からは、子ども虐待の通告先に位置づけられ、福祉事務所や児童相談所と並んで、相談対応にもあたっています。さらに、2012（平成24）年に制定された、いわゆる子ども・子育て関連３法では、基礎自治体として子ども・子育て新制度の実施主体に位置づけられ、保育や子育て支援の実施を担っています。1990年代から進められてきた地方分権とも相まって、その役割は重要性を増し、体制の強化が図られています。

（2）子ども家庭福祉の財政と費用負担

　子ども家庭福祉に係る施策や事業を実施するには、財源が必要となります。その財源の多くに国民から徴収した税金などの公費が使われています。費用負担については、国と地方公共団体で負担割合が定められています。また、福祉サービスの利用にあたっては、利用者本人や保護者に自己負担を求めるものもあり、その場合には、応能負担[3]の方式がとられ、負担金

---

2 児童相談所

児童相談所は、都道府県と指定都市に設置が義務づけられていますが、中核市や児童相談所を設置する市（特別区を含む）として政令で定める市も、これを設置することができます。

3 応能負担

福祉サービスを受けた人が、障害の状態やサービスの利用状況に関係なく、所得に応じて費用の負担を行う利用者負担の方式です。

の免除や減免の措置が受けられます。

4　実施機関と施設

　国や地方公共団体の福祉行政を補完するものとして、実施機関と施設があります。そのなかでも特に子ども家庭福祉にかかわる実施機関には、地方社会福祉審議会、児童福祉審議会、福祉事務所、児童相談所、保健所があり、都道府県に設置が義務づけられています。また、市町村などの地方公共団体には、要保護児童対策地域協議会の設置が求められています。要保護児童対策地域協議会は、2004（平成16）年の児童福祉法改正により法的に位置づけられた地域の協議会です。この協議会は、子どもにかかわる地域の関係機関などにより構成され、虐待を受けている子どもをはじめとする要保護児童（児童福祉法第6条の3）などの早期発見や適切な保護を図るため、情報の交換、支援内容の協議などを行います。

　これらの実施機関に加え、2024（令和6）年4月よりこども家庭センターが新設されました。母子保健法に基づく子育て世代包括支援センターと児童福祉法に基づく子ども家庭総合支援拠点で行われていた相談・支援業務を一体化させ、すべての妊産婦と子ども、保護者へ一体的に相談支援を行う機能を有する機関として市町村に設置されます（努力義務）。

　児童委員・主任児童委員は、地域の子ども、妊産婦、ひとり親家庭などの生活状況や取り巻く環境を適切に把握するとともに、支援が必要な子どもなどを発見した場合には、相談に応じ、利用し得る制度やサービスなどについて助言し、問題の解決に努める民間奉仕者で、厚生労働大臣から委嘱された民生委員が兼ねています。

　子どもの福祉を図ることを目的とする児童福祉施設として、助産施設、乳児院、母子生活支援施設、保育所、幼保連携型認定こども園、児童厚生施設、児童養護施設、障害児入所施設、児童発達支援センター、児童心理治療施設、児童自立支援施設、児童家庭支援センターおよび里親支援センターの13種が規定されています（児童福祉法第7条）。また、同法では、施設ごとに設置目的を定めており、対象となる事由や養護内容のほか、利用方法が示されています。

Chapter 3

子ども家庭福祉の制度と実施体系

Section 2 子ども家庭福祉の法体系 ①児童福祉法

ねらい

● 子ども家庭福祉の基本法である児童福祉法について学びましょう。
● 児童福祉法が子ども家庭福祉にどのような役割を果たしているのか
　を考えましょう。

1 児童福祉法の制定

　子ども家庭福祉の根拠法として中核をなす児童福祉法は、1947（昭和22）年に制定されました。当時は、第2次世界大戦の終戦直後の混乱期であり、戦争によって生まれた孤児や浮浪児、貧児などへの対応が喫緊の課題でした。そこで、日本国憲法の精神にのっとり、すべての子どもを対象とする総合的な福祉法として児童福祉法が誕生しました。その後、1960年代までに児童扶養手当法、母子福祉法（現・母子父子寡婦福祉法）、特別児童扶養手当法、母子保健法、児童手当法が制定され、児童福祉六法が確立されました。児童福祉法は、そのなかでも基本法として位置づけられています。

2 児童福祉法の基本原理

　児童福祉法は、制定から今日まで、その時々の社会的ニーズに対応すべく、必要な改正が行われてきました。それは、社会情勢の変化や子育て環境の変容などにともない、子どもや子育て家庭が抱える問題も変化し、制度の見直しや、新たなしくみの構築が求められてきたからです。その起点に、子どもの最善の利益や福祉のさらなる増進があることはいうまでもありません。幾度となく行われてきた改正のなかでも、2016（平成28）年の改正は、法の理念にあたる総則の第1条から第3条が改正されました。

総則は、子ども家庭福祉の基本原理が示され、いわば法の精神を表した最も重要な部分にあたり、法の制定以来初めて改正が行われました。

改正後の第1条では、「全て児童は、児童の権利に関する条約の精神にのつとり、適切に養育されること、その生活を保障されること、愛され、保護されること、その心身の健やかな成長及び発達並びにその自立が図られることその他の福祉を等しく保障される権利を有する」と、子ども家庭福祉の理念が示されました。ここでは特に、日本における子ども家庭福祉が子どもの権利条約に準拠するものであることが明文化された点と、子どもが権利の主体であることが強調された点が注目されます。

第2条第1項では、「全て国民は、児童が良好な環境において生まれ、かつ、社会のあらゆる分野において、児童の年齢及び発達の程度に応じて、その意見が尊重され、その最善の利益が優先して考慮され、心身ともに健やかに育成されるよう努めなければならない」と、国民に児童育成の責任があることが明示されました。ここでも、子どもの権利条約の条文中で使われている子どもの最善の利益にふれていることは、第1条と同じく意義があることです。また、同条第2項で「児童の保護者は、児童を心身ともに健やかに育成することについて第一義的責任を負う」、同条第3項で「国及び地方公共団体は、児童の保護者とともに、児童を心身ともに健やかに育成する責任を負う」と、保護者と国および地方公共団体それぞれに児童育成の責任が規定されました。子どもにとって保護者にあたる親の存在は大きく、かけがえのないものですが、時にその親から虐待を受けるなどして、十分に養育責任が果たせてもらえないこともあります。そのような場合に、国や地方公共団体が公的責任に基づいて家庭の子育てに介入し、子どもの命や人権、生活などを守ることが必要となります。第3条の2では、国および地方公共団体の責務として、子どもに社会的養護が必要となった場合には、子どもが「家庭における養育環境と同様の養育環境」もしくは「できる限り良好な家庭的環境」で養育されるよう、必要な措置を講じなければならないと定められています。

なお、第3条では、「前二条に規定するところは、児童の福祉を保障するための原理であり、この原理は、すべて児童に関する法令の施行にあたつて、常に尊重されなければならない」と、第1条と第2条が児童福祉法の基本原理であることと、児童福祉法がさまざまある子ども家庭福祉に関する法律のなかでも基本法に位置づけられていることを示しています。

Chapter 3

子ども家庭福祉の制度と実施体系

3 児童福祉法の対象

　子ども家庭福祉はすべての子ども（＝児童）に等しく保障されるものです。児童福祉法では対象となる児童を「満18歳に満たない者」と定義し（第4条）、さらに満1歳に満たない者を「乳児」、満1歳から小学校就学の始期に達するまでの者を「幼児」、小学校就学の始期から満18歳に達するまでの者を「少年」と区分しています。子ども・児童の定義や年齢区分、呼称は法律によって異なっていますので、それぞれの法律における子ども・児童の定義を確認しましょう。

　また、児童福祉法では、身体に障害のある児童、知的障害のある児童、精神に障害のある児童（発達障害児を含む）、その他の治療方法が確立していない疾病のある児童などを「障害児」（第4条第2項）と定めています。

　この他にも、妊娠中または出産後1年以内の女子を「妊産婦」（第5条）、親権を行う者または未成年後見人その他の者で児童を現に監護する者を「保護者」と定めています（第6条）。

4 児童福祉法の主な内容

　児童福祉法では、前述した基本原理や対象となる児童の定義以外にも、子ども家庭福祉に係るさまざまな事項について規定しています。その主なものとして、国および地方公共団体の責務と業務、各種の実施事業、児童福祉審議会や児童相談所の設置、小児慢性特定疾病児童への支援、児童福祉司・児童委員・保育士の規定、要保護児童の保護措置に関する規定、被措置児童などに対する虐待の防止、児童福祉施設の規定、子どもに対する禁止行為、罰則規定などがあります。

　児童福祉法は、子どもの権利や健やかな成長・発達を保障する重要な法律です。現行法が急速に進む時代の変化と社会的ニーズに対応し得る内容になっているか、また、当事者である子どもの視点が正しく取り入れられているか、常に検証が必要です。

Section 3 子ども家庭福祉の法体系 ②児童福祉六法

ねらい

● 児童福祉法以外の児童福祉六法について学びましょう。
● それぞれの法律があることで、子どもにどのような利点があるのか考えてみましょう。

1 児童扶養手当法

　近年、子どものいる世帯の貧困が社会問題の一つとして取り上げられています。そのなかでも、特にひとり親家庭の貧困は深刻で、生活の困窮からくる教育格差や健康格差は子どもの成長・発達に影響を及ぼし、将来のライフチャンスの制約にもつながると懸念されています。1961（昭和36）年に制定された児童扶養手当法は、離婚などにより父と生計を同じくしていない児童のいる母子世帯に対し、生活の安定と自立の促進に寄与する目的で児童扶養手当を支給するものでしたが、2010（平成22）年の改正により、母と生計を同じくしていない児童のいる父子世帯についても対象となりました。これまで、父子世帯は母子世帯に比べて金銭的に余裕があると考えられていましたが、経済的に困窮している父子世帯も少なくないことがわかり、児童扶養手当を受けることができるようになりました。

　ひとり親家庭への児童扶養手当の支給は、子どもの心身の健やかな成長に寄与するものであり、経済的支援の一環として、その重要性が高まっています。

　なお、児童扶養手当法における「児童」とは、18歳に達する日以後の最初の3月31日までの間にある者、または20歳未満の障害児（第3条第1項）となっています。

2 母子父子寡婦福祉法

　児童扶養手当法とともにひとり親家庭を支援する法律に、母子父子寡婦福祉法があります。本法は、1964（昭和39）年に母子福祉法として制定され、「母子家庭等及び寡婦の福祉に関する原理を明らかにするとともに、母子家庭等及び寡婦に対し、その生活の安定と向上のために必要な措置を講じ、もつて母子家庭等及び寡婦の福祉を図ることを目的」（第1条）としています。また、母子・父子自立支援員制度、母子福祉資金・父子福祉資金・寡婦福祉資金の貸付け、公営住宅の供給に関する特別の配慮、特定教育・保育施設の利用などに関する特別の配慮、雇用の促進、母子・父子福祉施設の設置などが規定されています。

　第2条では「全て母子家庭等には、児童が、その置かれている環境にかかわらず、心身ともに健やかに育成されるために必要な諸条件と、その母子家庭の母及び父子家庭の父の健康で文化的な生活とが保障されるものとする」という本法の基本理念が明文化されています。ひとり親家庭は、そうでない家庭に比べて仕事と生活の両立や子育ての問題、経済的な問題などに直面しやすいといえます。また、家事や子育て、稼働など日常生活の多くがひとり親の負担となります。そのため、親を支える福祉の措置が大切になってきますが、子どもにとっても、必要なときに親に甘えることができなかったり、家の手伝いで十分に学習や遊びに取り組めなかったりして、成長・発達に必要なことに事欠く状態に置かれることは望ましいことではありません。本法による支援を通して、第2条で示されている子どもが健やかに育つうえで必要となる諸条件が、整えられることが望まれます。

　本法において、「児童」とは、20歳に満たない者（第6条第3項）と定義されています。

3 特別児童扶養手当法

　障害のある子どもの場合、障害福祉サービスを利用することが考えられますが、サービス利用料については、負担上限月額[4]が設定されているものの、所得に応じた自己負担が生じてきます。また、障害のある子どもの

---

4 負担上限月額

障害福祉サービスの自己負担には、所得に応じて4区分の負担上限月額が設定されており、ひと月に利用したサービス量にかかわらず、それ以上の負担は生じないしくみになっています。

養育のために、保護者が共働きできない、フルタイムで働けないなど就労に制約を受け、十分な収入を得られない問題が出てきます。障害のある子どもにとって、障害福祉サービスを利用することも、保護者からの養育を受けることも、健やかな成長・発達に必要なことであり、そのために発生する経済的な負担に対する支援が欠かせません。

　1964（昭和39）年に制定された特別児童扶養手当法は、障害のある子どもに特別扶養手当等を支給することにより、福祉の増進を図ることを目的とするものです。第1条では、①精神または身体に障害を有する児童（20歳未満の障害児）について特別児童扶養手当を、②精神または身体に重度の障害を有する児童（20歳未満の重度障害児）に障害児福祉手当を、③精神または身体に著しく重度の障害を有する者（20歳以上の常時特別の介護を必要とする者）に特別障害者手当を支給することが規定されています。

4　母子保健法

　母子保健法は、1965（昭和40）年に制定されました。その目的は、「母性並びに乳児及び幼児の健康の保持及び増進を図るため、母子保健に関する原理を明らかにするとともに、母性並びに乳児及び幼児に対する保健指導、健康診査、医療その他の措置を講じ、もつて国民保健の向上に寄与すること」（第1条）とされています。本法の制定以前、日本の母子保健政策は児童福祉法と母子衛生対策要綱に基づいて行われていました。しかし、当時は保健衛生の水準が低く、医療技術も未熟であったため、妊産婦や新生児の死亡率が高く、今よりも出産にともなう生命のリスクがありました。そこで、母子の健康保持・増進にかかる母子保健政策の体系化と、母性の保護や乳幼児の健全育成のための保健の充実などを図るため、母子保健法が誕生しました。この法律により、日本の母子保健の水準は飛躍的に向上しました。主な施策としては、保健指導、新生児の訪問指導、健康診査（1歳6か月児・3歳児）、妊娠の届け出、母子健康手帳の交付、養育医療などがあります。

　2016（平成28）年の改正では、市町村（特別区を含む）に母子健康包括支援センター（子育て世代包括支援センター）の設置（努力義務）が規

定され、母子保健と子育て支援の両分野からの支援が地域の特性に応じて展開できるようになりました。母子保健法の制定当時よりも安心・安全に出産ができる環境が整った一方で、子育て家庭においては産後うつや育児不安、児童虐待など新たな問題も生じています。そうした時代背景を受けて、妊娠期から子育て期まで切れ目のない支援が可能となっていることは、子どもの健やかな育ちのうえでも、大きな意味があるといえるでしょう。

母子保健法では、妊娠中または出産後1年以内の女子を「妊産婦」（第6条第1項）、出生後28日を経過しない乳児を「新生児」（第6条第5項）、また身体の発育が未熟のまま出生した乳児であって、正常児が出生時に有する諸機能を得るに至るまでのものを「未熟児」（第6条第6項）と定義しています。

5 児童手当法

先述した児童扶養手当や特別児童扶養手当が、主としてひとり親世帯や障害のある児童を対象としているのに対し、そうでない子どもや世帯も経済的支援の対象に含まれる制度として児童手当があります。

児童手当は、1971（昭和46）年に制定された児童手当法に基づく制度で、「児童を養育している者に児童手当を支給することにより、家庭等における生活の安定に寄与するとともに、次代の社会を担う児童の健やかな成長に資することを目的とする」（第1条）ものです。創設された当初は低中所得の多子世帯への経済的支援が目的でした。その後、支給対象や支給期間、支給額などがたびたび改正されてきました。現在は、1人あたり月額で、3歳未満は一律1万5000円、3歳〜小学校修了前の第1子・第2子は1万円、第3子以降は1万5000円、中学生は一律1万円、児童を養育している者の所得が所得制限限度額以上、かつ所得上限未満の場合は当面の間の特例給付として一律5000円が支給されることとなっています。この手当の使途については、第2条に「児童手当の支給を受けた者は、児童手当が前条の目的を達成するために支給されるものである趣旨にかんがみ、これをその趣旨に従つて用いなければならない」という定めがあるだけで、具体的な使途は決められていません。そのため、実際には何に、どのように使うかは各世帯[5]などの裁量に委ねられています。したがって、

5 児童手当の受給資格者

児童手当の受給資格者は、児童を監護し、生計を同じくする父母等、児童が社会的養護の下にある場合は、里親もしくは施設の設置者等と定められています（第4条）。

決して強いるものではありませんが、こども家庭庁が掲げる「こどもまんなか」の理念を踏まえれば、例えば、絵本や図鑑などの図書の購入や習いごとの月謝、保育料や将来の教育資金の積み立てなど、子どもの健やかな成長のために使われることが理想的です。また、使途に「こどもの声を聴くこと」を反映させれば、高学年の子どもには児童手当の意義を説明し、お小遣いの一部に児童手当を含めて、使途を子どもの裁量に任せることは、教育の一環になるばかりか、児童の権利に関する条約第12条やこども基本法第3条第4号に規定される、子どもの意見の尊重がなされたことにもなるのではないでしょうか。

なお、2023（令和5）年に政府が示した「異次元の少子化対策」では、児童手当の見直しが行われ、2024（令和6）年12月支給分より高校生への支給や第3子以降支給額の増額、所得制限の撤廃が予定されています。

Discussion Time

以下の事例について、意見を交換してみましょう。

事例

最近、保育所に通うAくん（3歳・男児）の保護者が離婚しました。子どもの親権は母親がもち、母子家庭となりました。母親からの話では、父親との話し合いで月3万円の養育費を受け取ることができるそうですが、パート勤めの自分の収入と合わせても生活は厳しく、経済的な不安を抱えているとのことでした。また、母子家庭になったばかりで、ひとり親家庭に対してどのような支援制度があるのか、どこに相談できるのかがわからないようでした。あなたがもしAくんの担任で、母親の相談に応じる場合、どのようなことが助言できるでしょうか。

討論のヒント

ひとり親家庭への支援を目的とする法律から、支援に役立つと思われる制度を考えてみましょう。また、住んでいる地域にはどのような相談窓口があるかを確認してみましょう。

子どもにとって福祉の法律や制度があることはどのような意味があるのか、まとめてみましょう。

参考文献

- 厚生労働省編『令和5年版 厚生労働白書』2023年
- 厚生労働統計協会編『国民の福祉と介護の動向 2022/2023』2022年
- 社会福祉の動向編集委員会編『社会福祉の動向 2023』中央法規出版、2023年
- 髙橋重宏監、児童福祉法制定60周年記念全国子ども家庭福祉会議実行委員編『日本の子ども家庭福祉――児童福祉法制定60年の歩み』明石書店、2007年

Chapter 4

社会的養護と
子ども家庭福祉の専門職

児童憲章

二　すべての児童は、家庭で、正しい愛情と知識と技術をもつて育てられ、
　　家庭に恵まれない児童には、これにかわる環境が与えられる。

　　社会的養護とは、保護者のない児童や、保護者に監護させることが適当でない
児童を、「子どもの最善の利益のために」「社会全体で子どもを育む」を理念のも
とに、公的責任で社会的に養育し、保護するとともに、養育に大きな困難を抱え
る家庭への支援を行うことです。
　　現代の子どもと家庭には多様な課題が存在しています。社会的養護はなぜ必要
なのか、子どもやその家庭にどのように支援すればよいのか、どのような環境を
整備すればよいのか、深く考えてみましょう。

　　また、社会的養護に関する施設には、目的や支援内容により必要な専門職が配
置されています。関係する専門職がこの機関や施設に配置されているのはなぜな
のか、専門職がかかわることで、子どもはどのように成長していくのかなどの理
解を深めます。
　　どの子どもも将来にわたり幸福になる権利があります。Chapter 4 では、自
分自身がなりたい保育者像をイメージしながら、専門職とは何かを考えてみましょ
う。

> **事前学習**
>
> 自分の住む地域の児童福祉施設を調べ、どのような子どもが対象なのか、どのような支援があるのかを調べましょう。
> そのうえで、なぜそのような支援をしているのかを検討しましょう。

Section 1 社会的養護とは

> **ねらい**
>
> ● 社会的養護はなぜ必要なのか、子どもやその家庭に対してどのように支援すればよいのか、どのような環境を整備すればよいのかを学びましょう。

1 現代社会における社会的養護の必要性と意義

（1）法律に則った社会的養護

　児童福祉法第3条の2には「児童を家庭において養育することが困難であり又は適当でない場合にあっては児童が家庭における養育環境と同様の養育環境において継続的に養育されるよう、児童を家庭及び当該養育環境において養育することが適当でない場合にあっては児童ができる限り良好な家庭的環境において養育されるよう、必要な措置を講じなければならない」とあり、同法第6条の3には、要支援児童[1]、要保護児童[2]、特定妊婦[3]の定義があります。

　子どもの権利条約第3条には、措置をとる場合も「児童の最善の利益が主として考慮される」とあり、第12条には「自由に自己の意見を表明する権利」、第13条には「表現の自由についての権利」が記されています。このように、すべての子どもに対して、受動的権利および能動的権利が保障されており、それは社会的養護が必要となる子どもも同様なのです。

---

1 要支援児童

保護者の養育を支援することが特に必要と認められる児童のことです。

2 要保護児童

保護者のない児童又は保護者に監護させることが不適当であると認められる児童のことです。
要保護児童には、保護者の家出、死亡、離婚、入院、服役などの事情にある子どもや、虐待を受けている子ども、家庭環境などに起因して非行や情緒障害を有する子どもなどが含まれます。

3 特定妊婦

出産後の養育について出産前において支援を行うことが特に必要と認められる妊婦のことです。

（2）子どもや家庭のおかれた状況と課題

　第2次世界大戦後の児童養護は、戦災孤児対策に端を発し、その後は、保護者の死亡などによる施設入所が多くみられ、現在の児童養護施設は孤児院と呼ばれていました。このように、かつては親のない子どもが社会的養護の対象の中心でしたが、現代は保護者がいても適切な養育を受けられない子どもが増え、日本全体で約4万2000人もの子どもが社会的養護を必要としていますが、里親に委託されている子どもは2割程度にとどまっているのが現状です（図4-1）。

　子どもの入所理由は単純ではなく、養育放棄・虐待[4]、経済的困窮[5]、学校での交友関係[6]、面前DV[7]など、さまざまに問題を抱える子どもが増え、虐待の要因をみても、経済的困難、精神疾患、養育能力の欠如、世代間連鎖などがからみ合い、複雑・重層化しています。そのため、直接の要因を改善しても、別の課題が明らかになることもあり、代替養育とともに家庭を支援・補完する対応も必要となっています。

図4-1　諸外国における里親等委託率の状況

※「乳幼児の里親委託推進等に関する調査研究報告書」（令和2年度厚生労働省先駆的ケア策定・検証調査事業）
※日本の里親等委託率は、令和3年度末（2022年3月末）
※ドイツ、イタリアは2017年、フランス、アメリカ、カナダ（BC州）、香港は2018年、イギリス、オーストラリア、韓国は2019年の割合
※里親の概念は諸外国によって異なる。
出典：こども家庭庁支援局家庭福祉課「社会的養育の推進に向けて」p.66、2024年

4　養育放棄・虐待
2022（令和4）年度の児童相談所による児童虐待相談対応件数は、21万9170件です。

5　経済的困窮
2021（令和3）年の子どもの貧困率は、11.5％（9人に1人）です。

6　学校での交友関係
2022（令和4）年度の小中高のいじめの認知件数は、68万1948件です。小学校で特に増加し、約55万件です。

7　面前DV
DV（Domestic Violence）は「配偶者や恋人など親密な関係にある、又はあった者から振るわれる暴力」のことです。子どもの前でDVが行われること（面前DV）は、子どもへの心理的虐待にあたります。児童相談所における心理的虐待に係る相談対応件数は、12万9484件（2022（令和4）年度）で、警察等からの通告は2021（令和3）年度の10万3104件から、2022（令和4）年度には11万2965件（＋9861件）と増加しています。

2 社会的養護の理念と機能

8 施設養護
大舎（20人以上）、中舎（13～19人）、小舎（12人以下）に分類されます。

9 家庭的養護
地域小規模児童養護施設（グループホーム）、小規模グループケア（分園型）など（児童福祉法第3条の2「できる限り良好な家庭的環境」）を指します。

　社会的養護の基本理念は、「子どもの最善の利益のために」「社会全体で子どもを育む」ことであり、社会的養護の原理は、①家庭養育と個別化、②発達の保障と自立支援、③回復をめざした支援、④家族との連携・協働、⑤継続的支援と連携アプローチ、⑥ライフサイクルを見通した支援、です。

　現在の社会的養護の体系は、①施設養護[8]、②家庭的養護[9]、③家庭養護[10]、の3つに分類されており、各養護においては、子どもを単に保護するだけではなく、養育機能、心理的ケア機能、地域支援機能なども担っています（図4-2）。

　社会的養護の原理の「①家庭養育と個別化」には、「あたりまえの生活」

図4-2　家庭と同様の環境における養育の推進

課題
○児童が心身ともに健やかに養育されるよう、より家庭に近い環境を図ることが必要。 ○しかしながら、社会的養護を必要とする児童の約8割が施設に入所しているのが現状。 （平成28年に児童相談所が要保護児童の養育環境を決定する際の考え方を法律において明確化）

良好な家庭的環境		家庭と同様の養育環境	家庭
施設	施設（小規模型）	養子縁組（特別養子縁組を含む。）	実親による養育
		小規模住居型児童養育事業　→　里親	

| 児童養護施設
大舎（20人以上）
中舎（13～19人）
小舎（12人以下）
1歳～18歳未満
（必要な場合　0歳～20歳未満） | 地域小規模児童養護施設
（グループホーム）
・本体施設の支援の下で地域の民間住宅などを活用して家庭的養護を行う
・1グループ 4～6人 | 小規模住居型児童養育事業
（ファミリーホーム）
・養育者の住居で養育を行う家庭養護
・定員 5～6人 | 里親
・家庭における養育を里親に委託する家庭養護
・児童 4人まで |
| 乳児院
乳児（0歳）
必要な場合幼児（小学校就学前） | 小規模グループケア（分園型）
・地域において、小規模なグループで家庭的養護を行う
・1グループ 4～6人 | | |

$$\frac{里親等}{委託率} = \frac{里親＋ファミリーホーム}{養護＋乳児＋里親＋ファミリーホーム}　令和4年3月末　23.5\%$$

平成28年改正児童福祉法による対応

○国・地方公共団体（都道府県・市町村）の責務として家庭と同様の環境における養育の推進等を明記。
　①まずは、児童が家庭において健やかに養育されるよう、保護者を支援。
　②家庭における養育が適当でない場合、児童が「家庭における養育環境と同様の養育環境」において継続的に養育されるよう、必要な措置。
　③②の措置が適当でない場合、児童が「できる限り良好な家庭的環境」で養育されるよう、必要な措置。
　※特に就学前の児童については、②の措置を原則とすること等を通知において明確化。

出典：こども家庭庁支援局家庭福祉課「社会的養育の推進に向けて」p.3、2024年

を保障していくことが重要と記されています。みなさんの考える「あたりまえの生活」とはどのような生活でしょうか。どんなときも自分を愛し温かく包んでくれる大人がいる、プライバシーがありゆったりできる環境がある、食事づくりや近所づきあいを一緒にしたり家族の団らんを経験したりする楽しい時間がある、将来の家庭像をイメージできるなど、さまざまなことを考えたのではないでしょうか。

集団生活には子ども同士の支え合いなどのよい面も多数ありますが、さまざまな課題もあるため、施設の小規模化と施設機能の地域分散化が進められています。具体的には、2008（平成20）年における大舎制の児童養護施設の割合は7割で、定員100人を超える大規模施設もあったことから、本体施設、グループホーム、里親等の割合を3分の1ずつにする目標が掲げられ、2012（平成24）年には大舎制の割合は5割となりました。また、1948（昭和23）年と2011（平成23）年の児童養護施設の最低基準を比較すると、居室面積の下限が1人につき$3.3\,m^2$以上から$4.95\,m^2$以上に、居室定員の上限は15人以下から4人以下に見直されています。

10 家庭養護

里親、小規模住居型児童養育事業（ファミリーホーム）（児童福祉法第3条の2「家庭における養育環境と同様の養育環境」）のことです。

表4-1　里親等委託率の推移

○里親制度は、家庭的な環境の下で子どもの愛着関係を形成し、養護を行うことができる制度
○里親等委託率は、平成23年度末の13.5％から、令和3年度末には23.5％に上昇

年度	児童養護施設		乳児院		里親等※		合計	
	入所児童数（人）	割合（%）	入所児童数（人）	割合（%）	委託児童数（人）	割合（%）	児童数（人）	割合（%）
平成23年度末	28,803	78.6	2,890	7.9	4,966	13.5	36,659	100
平成24年度末	28,233	77.2	2,924	8.0	5,407	14.8	36,564	100
平成25年度末	27,465	76.2	2,948	8.2	5,629	15.6	36,042	100
平成26年度末	27,041	75.5	2,876	8.0	5,903	16.5	35,820	100
平成27年度末	26,587	74.5	2,882	8.0	6,234	17.5	35,703	100
平成28年度末	26,449	73.9	2,801	7.8	6,546	18.3	35,796	100
平成29年度末	25,282	73.9	2,706	7.8	6,858	19.7	34,846	100
平成30年度末	24,908	71.8	2,678	7.7	7,104	20.5	34,690	100
令和元年度末	24,539	70.5	2,760	7.9	7,492	21.5	34,791	100
令和2年度末	23,631	69.9	2,472	7.3	7,707	22.8	33,810	100
令和3年度末	23,008	69.4	2,351	7.1	7,798	23.5	33,157	100

里親等委託率

※「里親等」は、平成21年度から制度化されたファミリーホーム（養育者の家庭で5～6人の児童を養育）を含む。
　ファミリーホームは、令和3年度末で446か所、委託児童1,718人。
（資料）福祉行政報告例（各年度末現在）
出典：こども家庭庁支援局家庭福祉課「社会的養育の推進に向けて」p.26、2023年

Chapter 4　社会的養護と子ども家庭福祉の専門職

Section 2 児童福祉施設と子ども家庭福祉の専門職

ねらい

● 児童福祉法、児童福祉施設の設備及び運営に関する基準に義務づけられている施設や機関、専門職について理解を深めましょう。

1 児童福祉施設と子どもの権利

児童福祉法第7条には「児童福祉施設とは、助産施設、乳児院、母子生活支援施設、保育所、幼保連携型認定こども園、児童厚生施設、児童養護施設、障害児入所施設、児童発達支援センター、児童心理治療施設、児童自立支援施設、児童家庭支援センター及び里親支援センターとする」と規定があります。施設の種類には、入所施設や通所施設、利用施設があり、サービスの決定方法は措置制度や契約制度[11]などさまざまで、措置制度には、里親などへの委託措置と、入所措置[12]があります。子どもの権利条約は、子どもの受動的権利とともに、子どもは自分に関係のある事柄について自由に意見を表すことができるという能動的権利もあることを示しています。

個々の子どものニーズは多様であり、子どもの最善の利益の尊重、意見表明権の尊重、アドボカシー（権利擁護）機能の充実など、広い観点から子どもの成長・発達を支援する必要があり、将来もふまえて地域の一員として安心した生活ができるためにも、QOL（生活の質）の向上をめざし、エビデンス（根拠）に基づいた支援を行うことが保育者等に求められます。

社会的養護関係施設においては、子どもが施設を選ぶしくみでない措置制度もあり、集団での生活で施設長による親権代行の規定もあります。だからこそ、施設生活のなかで守られる権利と義務・責任の関係について質の高い支援が必要となるのです。

---

11 措置制度・契約制度

措置制度とは、福祉サービスを必要とする者に対し、申請に応じて行政が行政処分によりサービス内容を決定するしくみで、契約制度とは、それとは逆に利用者がサービスを選択するしくみです。

12 入所措置

施設養護（乳児院、児童養護施設、障害児入所施設、児童心理治療施設、児童自立支援施設など）への入所措置があります。

2　養護を必要とする子どものための施設とその運営

　社会的養護を必要とする子どもが入所する施設では、虐待や面前DV、障害による入所が増加しています。そのため、代替養育にとどまらず、心理的ケアや自立に向けての支援、親子再構築、地域への養育支援など、多くの課題に対応しています。

（1）乳児院（児童福祉法第37条）

　乳児院[13]は、保護者の養育を受けられない乳児（0歳）から、環境上必要な場合には幼児（小学校就学前）までの乳幼児を養育する施設です。

　医師または嘱託医、看護師、個別対応職員、家庭支援専門相談員、栄養士、調理員の配置基準があり、児童相談所が入院措置を行います。

（2）児童養護施設（児童福祉法第41条）

　児童養護施設[14]は、保護者のない児童や保護者に監護させることが適当でない児童が対象で、1歳〜18歳未満（必要な場合0歳〜20歳未満）の子どもに対し、安定した生活環境を整えるとともに、児童の心身の健やかな成長とその自立を支援する機能をもちます。また、親の病気などの理由により一時的に家庭での養育が困難となった児童を預かる子育て短期支援事業（ショートステイ、トワイライトステイ）などの機能もあります。

　児童指導員、嘱託医、保育士、個別対応職員、家庭支援専門相談員、栄養士、調理員、乳児が入所している施設には看護師の配置基準があり、児童相談所が入所措置を行います。

（3）児童心理治療施設（児童福祉法第43条の2）

　児童心理治療施設[15]は、家庭環境、学校における交友関係その他の環境上の理由により社会生活への適応が困難となった児童を、短期間、入所させ、または保護者のもとから通わせて、必要な心理に関する治療や生活指導を行い、退所した者について相談その他の援助を行う施設です。

　日常生活、個人心理療法、集団療法、学校生活、家庭支援などを結びつけた包括的な治療として総合環境療法が行われています。

---

13 乳児院

2022（令和4）年には、2351人が入院しており、虐待を受けた子どもは50.5％、父母の精神疾患等18.1％となっています。

14 児童養護施設

2022（令和4）年には、約2万3008人が入所しており、虐待を受けた子どもは71.7％、何らかの障害等のある子どもが42.8％と増え、専門的ケアの必要性が年々増しています。また、入所児童の平均在籍期間は5.2年ですが、10年以上の在籍期間の児童が14.9％となっています。

15 児童心理治療施設

2022（令和4）年には、1343人が入所しており、虐待を受けた子どもは83.5％と年々増えています。2016（平成28）年の児童福祉法改正により情緒障害児短期治療施設から名称変更されました。

Chapter 4　社会的養護と子ども家庭福祉の専門職

医師、心理療法担当職員、児童指導員、保育士、看護師、個別対応職員、家庭支援専門相談員、栄養士、調理員の配置基準があり、児童相談所が入所措置を行います。

（4） 児童自立支援施設（児童福祉法第44条）

16 児童自立支援施設

2023（令和5）年には、1103人が入所しており、虐待を受けた子どもは73.0％と増えています。1997（平成9）年の児童福祉法改正で教護院から名称変更されました。

児童自立支援施設[16] は、不良行為を行ったか、あるいはそのおそれがある児童、家庭環境等の環境上の理由により生活指導等が必要な児童を入所させ、または保護者のもとから通わせて、生活指導、学習指導、職業指導、作業指導などを行い、基本的生活習慣の確立、豊かな人間性・社会性の形成、将来の自立生活のための必要な知識や経験の獲得ができるよう支援をします。

児童自立支援専門員、児童生活支援員、医師または嘱託医、個別対応職員、家庭支援専門相談員、栄養士、調理員の配置基準があります。

保護者からの相談や、学校・警察署からの通告を受けた児童について、児童相談所が入所措置を行います。また、家庭裁判所での審判により送致されることもあります。

（5） 母子生活支援施設（児童福祉法第38条）

17 母子生活支援施設

2022（令和4）年には、3135世帯、児童5293人が入所しており、虐待を受けた子どもは65.2％です。1997（平成9）年の児童福祉法改正で母子寮から名称変更され、2011（平成23）年に母子指導員から母子支援員に名称変更されました。

母子生活支援施設[17] は、18歳未満の子どもを養育している母子家庭など、生活上の問題を抱えた母親と子どもが一緒に生活できる住居を提供し、自立を支援するための、就労・家庭生活・児童の教育等に関する相談や助言などを行います。利用世帯は、離婚や死別による母子家庭だけではなく、近年ではDV被害や児童虐待など心理的課題を抱えたケースも多く、緊急保護を必要とする場合や、未婚の出産、外国人母子の問題など、多様な背景を抱えています。

母子支援員、嘱託医、少年を指導する職員、調理員またはこれに代わるべき者を置かなければならないとの配置基準があります。

地域の福祉事務所に申請し、利用の可否については、福祉事務所が調査して判断します。光熱水費については実費負担となります。

3　社会的養護にかかわる専門職の役割

（1）児童相談所の専門職

　児童相談所は、児童福祉法第12条に基づいて設置される行政機関で、都道府県および指定都市に設置が義務づけられています。所長、児童福祉司、児童心理司、精神科医等が配置され、専門的な相談に応じたり、市町村への後方支援、一時保護や措置[18]などを行います。

　児童福祉司[19]は、面接、家庭訪問、関係機関との連絡調整などを行い、児童心理司は、子どもの心理療法などを行います。両資格とも任用資格で、虐待の増加により、配置基準を増やしています。

（2）施設に配置される職種（児童福祉施設の設備及び運営に関する基準）

①個別対応職員[20]

　被虐待児等の個別の対応が必要な児童や保護者に対応し支援をします。

②心理療法担当職員[20]

　心的外傷等を受けた児童等に遊戯療法等の心理療法を実施します。

③家庭支援専門相談員[21]（FSW：ファミリーソーシャルワーカー）

　子どもや子育て家庭への相談・支援、児童相談所等関係機関との連絡・調整など、児童の早期家庭復帰、里親委託等を可能とするための相談援助等の支援を行います。

④里親支援専門相談員（里親支援ソーシャルワーカー）

　乳児院や児童養護施設などに配置できる専門職です。入所児童の里親委託の推進、退所児童のアフターケアとしての里親支援、地域支援としての里親支援を行います。

⑤こども家庭ソーシャルワーカー

　2024（令和6）年4月に導入された認定資格です。主に児童や家庭への相談支援等のソーシャルワークを行います。児童相談所やこども家庭センター[22]、児童福祉施設への配置が可能です。

（3）子ども家庭福祉の専門職

　社会的養護が必要な要保護児童・要支援児童には、多様で複雑な背景を

---

18 一時保護・措置

児童福祉司らによる社会診断、児童心理司による心理診断、医師による医学診断、児童指導員や保育士による行動診断、その他の診断結果をもとに、判定（総合診断）を行い、児童の援助指針を作成します。

19 児童福祉司

児童福祉法第13条に規定されています。

20 個別対応職員・心理療法担当職員

乳児院、児童養護施設、児童心理治療施設、児童自立支援施設、母子生活支援施設に配置義務があります。

21 家庭支援専門相談員

乳児院、児童養護施設、児童心理治療施設、児童自立支援施設に配置義務があります。

22 こども家庭センター

児童福祉法第10条の2に、「市町村は、こども家庭センターの設置に努めなければならない」と定められています。

Chapter 4　社会的養護と子ども家庭福祉の専門職

重層的に抱えている子どもや家庭が存在します。子どものなかには、発達支援、トラウマやアタッチメントの問題、実家族の喪失、自分史や家族観の整理、生活に関する諸問題（非行、不登校、ひきこもり、いじめ、貧困、自殺、家庭内暴力、児童買春、児童ポルノ被害）などを抱えている子どももいます。また、保護者にも生活状況や精神症状、行動特性などの理解が必要な場合が多くあります。

　社会的養護の目的は単なる代替養育ではなく、個別のニーズに応じて子どもの将来を見通し、育むことにあります。そのため専門職は、倫理と責務、人間観・価値観とともに、ソーシャルワークやカウンセリングの知識や技術をもつことが求められます。アセスメントでは、子どもや家庭のおかれている状況を理解し、親子関係の再構築支援、世代間連鎖など包括的な視点をもち、施設以外の家庭や地域との連携や協働、警察の対応や司法手続きなど多職種とのネットワーク構築も行います。

（4）施設保育士・児童指導員の役割

　子どもは、安心感をもてる場所で、大切にされる体験を積み重ねていくことで、愛着関係や基本的な信頼関係の形成、信頼関係や自己肯定感（自尊心）を取り戻していきます。

　施設保育士等は、前項の知識や技術に加え、子どもの生活に一番身近な専門職としてのかかわりが求められます。それまでの成育歴のなかで、不安を感じたり、がまんを強いられたりした子どもも多いなか、子どもの特性や行動の背景を理解し、高い専門性に基づく深い洞察力をもつことが求められます。コミュニケーションをとれない心情や、理屈では割り切れない情動にも受容的・支持的な態度で寄り添い、こころをひらくまで待つことが大切です。

　これらの専門的な支援があってこそ、子どもは、自己の存在について「生まれてきてよかった」と思い、「こうなりたい」「こうしたい」とさらに意見を表明し、自己実現に向かいます。そして困難ななかでも、自分らしく生きる力、他者を尊重し共生していく力などを育んでいくのです。

Section 3 社会的養護の課題と展望

ねらい

● 施設や専門職の機能やあり方を細切れに考えるのではなく、施設養護・家庭養護など、子ども家庭福祉として、公共・地域・民間事業も含めてすべてが連携・協力し合う必要性を深めましょう。

1 現状と課題

　厚生労働省の新たな社会的養育の在り方に関する検討会による「新しい社会的養育ビジョン」（2017（平成29）年）では、パーマネンシー保障[23]、施設における継続した自立支援[24]、フォスタリング業務[25]を強化するとともに、民間団体もフォスタリング機関として整備されました。また、里親の増加や質の高い養育を実現するため、ケア・リーバー[26]の実態把握を行うとともに、自立支援ガイドラインを作成し継続的な支援を推進しています。

　集中的な支援が必要な家庭には、子ども家庭福祉における支援を行うことや、親子入所機能を充実させ分離しないケアの充実を行い、親子分離が必要な場合の代替養育には、家庭的な養育環境でケアニーズに応じた支援方法が深められています。

　小規模かつ地域分散化に取り組み、2021（令和3）年度末の里親等委託率は23.5％となりましたが、欧米主要国では、おおむね半数以上が里親委託であるのに対し、日本では、施設：里親の比率が8：2となっており、施設養護への依存が高い現状にあることも検討課題です。里親委託の46％は虐待を受けて委託された子どもで、その養育にも専門性が必要であることや、委託率が最小で8.6％（金沢市）、最大で59.3％（福岡市）となっているように、自治体間格差が大きいことも課題です。

---

23 パーマネンシー保障

特定の養育者により、永続的で安心できる一貫性のある養育を保障することです。「永続的解決（パーマネンシー保障）の徹底」がポイントとしてあげられ、「パーマネンシー保障としての特別養子縁組等の推進のための支援体制の構築に向けた取組」が都道府県推進計画に盛り込まれました。

24 施設における継続した自立支援

「リービングケア、アフターケア」が盛り込まれ、自立のための養育や継続的な支援が示されています。社会的養護は、これに加えてアドミッションケアやインケアなど、継続的な支援が必要となっています。

25 フォスタリング業務

児童相談所が行う里親制度に関する包括的業務のことです。

26 ケア・リーバー

社会的養護経験者のことを指します。

Chapter 4 社会的養護と子ども家庭福祉の専門職

2 地域との連携・協力と今後の取り組み

　2023（令和5）年の「改正児童福祉法の施行について」（こども家庭庁）によると、要支援・要保護児童は約23万人、特定妊婦は約8000人とされるなか、支援の充実が求められています。国全体の社会保障では、子ども家庭への予算確保として、児童虐待防止対策等総合支援事業費補助金[27]を増額しています。虐待相談対応は警察からの通告によるものが5割を占めており、また、2か月超えの一時保護等の家庭裁判所の審判も増えているため、弁護士等の法的対応にかかる人材の採用や、警察、家庭裁判所等との連携強化も急務です。厚生労働省の主導による児童虐待防止対策に関する関係閣僚会議が決定した「児童虐待防止対策の更なる推進について」（2022（令和4）年）に基づき、児童相談所や市町村の体制強化を計画的に進めていくため、「新たな児童虐待防止対策体制総合強化プラン[28]」（新プラン）が実践されています。

　また、改正児童福祉法（2024（令和6）年4月1日施行）では、児童虐待防止・対応が重点的に整備されています。

---

①都道府県等・児童相談所による支援の強化・民間との協働
- ・意見表明等支援事業（措置段階等で子どもの意見聴取を実施）
- ・一時保護開始時に司法審査の導入
- ・親子再統合支援事業（カウンセリング、保護者支援プログラムなど）
- ・妊産婦等生活援助事業（特定妊婦や児童へ住居・食事・相談など）

②包括的な子ども・子育て支援に向けた体制強化・事業拡充
- ・こども家庭センターの設置、こども家庭ソーシャルワーカーの運用
- ・里親支援センター[29]を児童福祉施設として位置づけ
- ・社会的養護自立支援拠点事業（措置解除者等へ交流・情報・相談）
- ・子育て世帯訪問支援事業（訪問による生活の支援）
- ・児童育成支援拠点事業（学校や家以外の子どもの居場所支援）
- ・親子関係形成支援事業（親子関係の構築に向けた支援）
- ・子育て短期支援事業（保護者が子どもと一緒に入所・利用できる）

---

27 児童虐待防止対策等総合支援事業費補助金

2022（令和4）年度予算の202億円から、2023（令和5）年度では概算要求276億円となりました。

28 新たな児童虐待防止対策体制総合強化プラン

「児童虐待防止対策体制総合強化プラン」（2018（平成30）年）からの新プランで、本プランの対象期間は2023（令和5）年度から2026（令和8）年度です。

29 里親支援センター

児童福祉法第44条の3では、「里親支援センターは、里親支援事業を行うほか、里親及び里親に養育される児童並びに里親になろうとする者について相談その他の援助を行うことを目的とする施設とする」と定められています。

・一時預かり事業（レスパイト利用ができる）
③性犯罪歴等の取組強化として「日本版DBS[30]」制度導入

[30] DBS
Disclosure and Barring Service の略で、前歴開示および前歴者就業制限機構をいいます。2024（令和6）年6月19日、学校設置者等及び民間教育保育等事業者による児童対象性暴力等の防止等のための措置に関する法律（こども性暴力防止法）が成立しました。2026年度中の制度開始を予定しています。

Discussion Time

Chapter 4 での学習を振り返り、以下の事例を参考に、具体的な支援について検討しましょう。

事例

Bくん（5歳・男児）は、出生直後から母親（23歳）に受け入れられず、家庭のことに無関心な父親（32歳）のもとで育ちました。父親は単身赴任が多く、Bくんの子育ては母親任せでしたが、次にできた妹（3歳）は、両親ともにかわいがりました。

Bくんは母親から身体的・心理的虐待を受けており、3か月前に児童養護施設に入所しました。入所後は、誰に対しても甘える行動を示したり、食に対するこだわりも激しく、食べ過ぎることもしばしばあり、基本的な生活習慣も身についていませんでした。またささいなことで同室の子どもと争うなど、感情の制御を図ることが困難でした。しかしながらそういった課題だけではなく、がんばってがまんしようとしている姿や、他児へ思いやりを示す行為なども見受けられました。ケース会議においてBくんへの対応のあり方について議論し、今後対応していくこととなりました。

討論のヒント

社会的養護を子ども家庭福祉から広くとらえ、子どもと家庭への両面から支援を考えましょう。Bくんや母親の心情、ストレングスなどを考え、施設保育士のかかわり方や、親子関係の再構築には何が必要なのかを話してみましょう。

集団で生活すること、小規模施設で生活することには、メリットもありますが、課題もあります。
子どもの権利や日常生活などから考え、専門職としてのかかわりをまとめてみましょう。

参考文献

- 新たな社会的養育の在り方に関する検討会「新しい社会的養育ビジョン」2017 年
- 厚生労働省子ども家庭局家庭福祉課・虐待防止対策推進室「令和 5 年度予算概算要求の概要（児童虐待防止対策及び社会的養育関係）」2022 年
- こども家庭庁「改正児童福祉法の施行について」2023 年
- こども家庭庁支援局家庭福祉課・こども家庭庁支援局障害児支援課「児童養護施設入所児童等調査の概要（令和 5 年 2 月 1 日現在）」2024 年
- こども家庭庁支援局家庭福祉課「社会的養育の推進に向けて」2023 年
- こども家庭庁支援局家庭福祉課「社会的養育の推進に向けて」2024 年

Chapter 5

子どもの貧困対策

児 童 憲 章

― すべての児童は、心身ともに健やかにうまれ、育てられ、その生活を
  保障される。

　「貧困」という言葉を聞くと、どのような人や生活を思い浮かべますか。どの
ような状態を貧困ととらえるかは、人によってさまざまです。近年、子どもの貧
困、高齢者の貧困、女性の貧困などに注目が集まり、貧困問題に対する関心が高
まっています。しかし、「○○の貧困」というように、それぞれが独立した特別
な貧困が複数存在しているわけではありません。誰もが貧困に陥るリスクを有し
ています。貧困そのものを理解したうえで、子ども、高齢者、女性など、社会的
区分の違いによって貧困の現れ方にどのような特徴があるのかを理解する必要が
あります。

　児童憲章第1条の内容は、すべての児童の生活保障を意味し、広くとらえる
と基本的人権を尊重しています。貧困は同条で示されている生活を侵害した状態
です。このような不公正な状態を容認することはできません。Chapter 5 では、
「貧困」とはいかなる状態かを整理したうえで、子どもの貧困や、それにかかわ
る施策の内容と課題を学びます。

事前学習

「貧困」という言葉を聞くと、どのような人や生活を思い浮かべますか。
貧困とは何か、あなた自身の「貧困観」を整理してみましょう。

Section 1 子どもの貧困問題

ねらい

● 貧困の定義や測定の歴史、相対的貧困率について学びましょう。
● ケア（特に子育て）の視点から貧困問題を考えましょう。

1 貧困とは

（1）貧困の定義と測定

　貧困は社会構造のなかで生み出されており、歴史や文化から独立した概念ではありません。貧困とは何か、どのような状態を貧困としてとらえるのかという「貧困観」は人・国や地域・時代によって異なります。そのため、貧困の定義と測定基準が的確に組み合わせられ、誰を救済の対象とするのかという政策へと反映されています。ここでは、貧困とはいかなる状態を指すのかを整理したうえで、主流となる2つの定義である絶対的貧困と相対的貧困の二分法の溝を埋める新たな定式にも目を向けていきます。

　貧困とは、当該社会における生活に必要な財や資源を欠いた状態であり、社会的・構造的な格差・不平等の結果として生起する点はどのような場合でも共通しています。そして、貧困はこの社会で容認することができないものです。貧困をどう定義するかは貧困を政治的・政策的・学問的に議論をする際に重要です[1]。

　では、貧困か否かとは何で区別されてきたのでしょうか。貧困とその原

＊1 ルース・リスター、松本伊智朗監訳、松本淳・立木勝訳『新版 貧困とはなにか──概念・言説・ポリティクス』明石書店、p.33、2023年

因や対策を検討することに本格的な関心が寄せられた、19世紀半ばのイギリスを中心にみていきます。当時は、自分で働いて生活をしていくという自助の考え方が強く、貧困の原因は個人の問題として、個人の特性や能力と結び付けて考えられてきました。チャールズ・ブースは、当時社会民主連盟が公表した、4分の1以上の者が健康を維持するのに足る賃金を得ていないという調査結果に疑問をもち、私財で調査員を雇い、全ロンドン市民の約430万人を対象とした調査を行いました。このロンドン調査は1886～1903年までの17年間実施され、施設収容者を除く全体の約3割の人が貧困線以下で生活していることを明らかにしました。また、貧困の原因についても、飲酒や浪費などの個人の習慣的な問題は10％で、低賃金や不安定就労など労働条件によってもたらされたものが60％強であることを明らかにしました。社会調査によって、貧困をとらえ、新救貧法[1]で放置されていた貧困をこのまま放置できないことを示しました。

ブースの後に、貧困調査を発展させたのがシーボーム・ラウントリーです。ラウントリーは、主に3つの功績を残しています。第一に、人間の生存に最低限必要な（単なる肉体的能率を保持するために必要な最小限度の支出としての）、食料、衣服、燃料、雑貨などを入手できる生活水準を貧困線として設定し、ヨーク市で生活している人の約3分の1が貧困状態にあることを明らかにしました。第二に、貧困を「primary poverty（第一次貧困）[2]」と「secondary poverty（第二次貧困）[3]」に分類しました。第三に、ライフサイクルに応じて、一生のうち3回（子ども期、子どもの扶養負担が高まった時、高齢期）、第一次貧困線以下に陥りやすくなる時期があるとし、所得に変動がなくても、必要な生活費が変動するため貧困状態が生じやすいことを示しました。ここでは、子どもは家計支出を増大させ、貧困リスクを高める存在として扱われています。栄養基準による貧困線はナショナル・ミニマム[4]という概念に活かされ、第二次世界大戦後の福祉国家の考え方の基礎となりました。ラウントリーのいう貧困は、生きていくために必要な身体的能率を維持するための必需品、特に食物や住居などの生活財が欠如した状態を指し、「絶対的貧困」と呼ばれてきました。

貧困という概念を、絶対的貧困よりももう少し広くとらえたのが「相対的貧困」です。ブースとラウントリーの研究以降、1930年代中盤から1950年代後半まで貧困研究への関心が低下していましたが、1960年代初頭から再び関心が高まりました。1960年代に、ピーター・タウンゼント

---

1 新救貧法

1834年にイギリスで制定され、救済の対象者を厳格に定めました。①全国統一の原則、②劣等処遇の原則、③労役場制度（院内救済の原則）を設け、救済を受けることに対して「スティグマ（恥辱の烙印）」を与えることで救済を抑制しました。

2 primary poverty（第一次貧困）

総収入が、単なる肉体的能率を保持するために必要な最低限度にも満たない、所得がそもそも貧困線を下回っている状態です。

3 secondary poverty（第二次貧困）

総収入の一部が他の支出に割り当てられない限り、総収入が肉体的能率を保持することができる状態を指します。所得が貧困線を上回っていることから、所得配分のあり方やその結果としてとらえられます。

4 ナショナル・ミニマム

イギリスのウェッブ夫妻によって提唱された概念で、国民が保障されるべき最低限度の生活水準を意味し、雇用、最低賃金、教育、健康（保健・衛生）、余暇・レクリエーションを含む生活水準を国や自治体が最低保障することを含みます。

Chapter 5 子どもの貧困対策

とエイベル・スミスは豊かな世界にも貧困があることを指摘し、これが「貧困の再発見」の契機となりました。また、ラウントリーの貧困測定基準（貧困線）の基底をなす最低生存水準（the Concept of Subsistence）に対する批判も行われました。すなわち、人の生活の歴史的・文化的側面をどのように貧困の概念に反映させていくのか、という視点が必要であるという批判です。ラウントリーは、あくまで「単なる肉体的能率を維持するに足る水準」として、生理的再生産に必要な栄養量を充足するために必要な食費を基礎として、最低生活費を算出しています。しかし、最低生活費はあくまで食費を中心とし、これに他の必要経費を積みあげるという算出方法だったため、最低生活を営むために必要な物が時代とともに変化することは考慮されておらず、構造が固定的になっていました。これに対して、タウンゼントは、その時代の生活様式を反映させた基準が必要だと示しました。1965年の"*The poor And The poorest*"で政策的に設定された最低生活保障水準を貧困線に使用し、社会で容認することができない状態として貧困をとらえました。タウンゼントは下記のように提案しています。

　「貧困という言葉は相対的剥奪（relative deprivation）という視点からのみ、客観的に定義づけられ、かつ一貫して矛盾することなく、使用され得るものである。ここでは貧困は主観的なものとしてよりは、客観的なものとして理解されている。個人、家族、諸集団はその所属する社会で慣習になっている、あるいは少なくとも広く推奨または是認されている種類の食事をとったり、社会的諸活動に参加したり、あるいは生活の必要諸条件や快適さをもったりするために必要な生活資源（resources）を欠いているとき、全人口の中で貧困の状態にあるとされるのである。貧困な人の生活資源は、平均的な個人や家族が自由にできる生活資源に比べて極めて劣っているため、通常社会で当然とみなされている生活様式、慣習、社会的活動から事実上締め出されているのである」[2]（下線部は現代訳に筆者修正）。

　つまり、「相対的貧困」とは帰属している社会で慣習となっている（共有されている）生活様式や生活条件を維持するうえで必要な資源を欠いた状態のことです。最低限度の生活に何が必要かはあくまでその社会の生活様式や規範との関連で相対的にしか決定できないという考え方です。そのほか、関連する人物として、ルース・リスターは「絶対的／相対的」の二

---

[2] 松本伊智朗・湯澤直美編著、松本伊智朗編集代表『生まれ、育つ基盤——子どもの貧困と家族・社会』明石書店、pp.34〜35、2019年

分法を超える必要性を論じました[*3]。そのほかに、ノーベル経済学賞を受賞したアマルティア・センが論じた「ケイパビリティ[5]」などがあります。

5 ケイパビリティ
「潜在能力」を意味し、その人が何ができるのか、どうあるべきか、生活の質（QOL）をどう高めていくのか考えていくときの概念です。

（2）子どもの貧困と家族

　貧困は、子どもの貧困や女性の貧困、高齢期の貧困など、貧困がいくつかの種類に分断されているわけではありませんが、社会的区分によって、その現れ方や特徴が異なります。松本伊智朗は、「子どもの貧困はそれのみで存在しているのではなく、この社会に存在する貧困の一側面である。社会的に生み出され、家族を単位として立ち現れる貧困を、そこに生きる子どもを主体として把握し、子どもの育ちと人生に即して、より具体的に理解するために、子どもの貧困という言葉が使用される」と述べています。

　では、「子ども」・「子ども期」という社会的区分の特徴は何でしょうか。松本は、子ども期の特徴として、以下の5つを述べています[*4]。
①子どもの生と生活の家族への依存

　子どもの養育の指示か、家族依存と市場化の度合いが強い社会であるほど、家族の資源格差が子どもの不利に直結し、子どもの貧困がより顕在化すると指摘しています。
②身体的脆弱性と生命・健康維持の他者依存性

　貧困が疾病や生命の危機として顕在化します。
③成長と発達の過程

　貧困が子どもの成長と発達を阻害し、不利として経験されます。
④「遊び」を通じた、自己形成の基盤である外界への働きかけ、主体的な参加と応答の経験

　子どもの「いま」を豊かにするうえで必要な要素ですが、「遊び」の機会さえも市場化され、貧困経験の構成要素になります。
⑤学校制度による子どもの生活様式の規定

　教育・学習過程が市場化され、選別的であるほど、貧困が学校や教育からの排除と教育達成の不利を招きます。

　このように、子ども・子ども期は、子どもを取り巻く環境の影響を受け

[*3] ルース・リスター、松本伊智朗監訳、松本淳・立木勝訳『新版 貧困とはなにか──概念・言説・ポリティクス』明石書店、p.33、2023年
[*4] 松本伊智朗・湯澤直美編著、松本伊智朗編集代表『生まれ、育つ基盤──子どもの貧困と家族・社会』明石書店、p.41、2019年

Chapter 5 子どもの貧困対策

図5-1　子どもの貧困率の推移

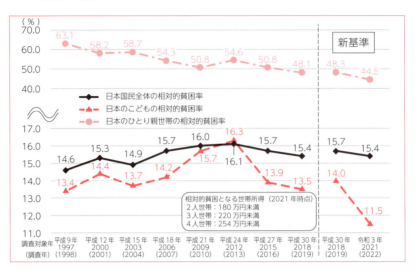

※貧困率は、OECDの作成基準に基づいて算出している。
※相対的貧困率とは、等価可処分所得（※1）の貧困線（※2）に満たない人の割合をいう。
　→　保育サービスなどの現物給付や資産の多寡が考慮されていないことに留意が必要。
（※1）世帯の可処分所得（収入から直接税・社会保険料を除いたもの）を世帯人員の平方根で割った金額。
（※2）等価可処分所得の低い人から順に並べて、真ん中の順位（中央値）の金額の半分の金額。2021年調査時点で127万円。
※「新基準」は、2015年に改定されたOECDの所得定義の新たな基準で、従来の可処分所得から更に「自動車税・軽自動車税・自動車重量税」、「企業年金の掛金」及び「仕送り額」を差し引いたものである。
出典：こども家庭庁「こどもの貧困対策・ひとり親家庭支援の現状について」p.10、2023年

やすく、貧困による育ちへの影響は大きいことが読み取れます。子育て家族に目を向ければ、教育費の負担、養育費の負担など、子育てや教育は家族の経済状況に依拠しています。言い換えれば、「家族依存型」の社会構造は今も昔も変わっていません。

（3）相対的貧困率と子どもの貧困率

　現代の日本において、どれくらいの人が貧困の状態におかれているのか、相対的貧困率の推移をみていきます。

　日本国民全体の相対的貧困率をみると、横ばいの状態が続いていますが、子どもの貧困率の推移（図5-1）をみると、子どもの貧困率は2012（平成24）年にピークを迎えてから減少傾向を示しています。2013（平成25）年に子どもの貧困対策法が制定され、これが一定程度貧困の削減に貢献しています。一方で、相対的貧困率の国際比較（表5-1）をみると、依然として、日本はOECD加盟国の平均を超えています。特に、子どもがいる世帯で、大人が一人の世帯の相対的貧困率は44.5％を占め、OECD加盟国のうち5番目に高い状況です。

Section 1　子どもの貧困問題

表5-1 貧困率の国際比較

相対的貧困率			こどもの貧困率			こどもがいる世帯の貧困率								
						計			大人が一人			大人が二人以上		
順位	国名	割合	順位	国名	割合	順位	国名	割合	順位	国名	割合	順位	国名	割合
1	アイスランド	4.9	1	フィンランド	2.9	1	フィンランド	3.4	1	デンマーク	9.7	1	フィンランド	2.0
2	チェコ	5.3	2	デンマーク	4.8	2	デンマーク	3.8	2	フィンランド	16.3	2	アイスランド	2.8
3	デンマーク	6.5	3	アイスランド	5.4	2	スイス	3.8	3	アイスランド	18.9	3	デンマーク	3.5
4	フィンランド	6.7	4	スロベニア	6.0	4	アイスランド	4.5	4	ノルウェー	23.4	4	チェコ	3.6
5	スロベニア	7.0	5	ノルウェー	6.7	5	スロベニア	5.1	5	ハンガリー	23.5	5	スロベニア	4.0
6	ベルギー	7.3	6	ポーランド	7.1	6	チェコ	5.4	6	ポーランド	23.8	6	スイス	4.1
7	アイルランド	7.7	7	カナダ	7.3	7	ノルウェー	6.7	7	スロベニア	24.5	7	アイルランド	4.5
8	スロバキア	7.8	8	アイルランド	7.4	7	ポーランド	6.7	8	ラトビア	24.8	7	ノルウェー	4.5
9	ノルウェー	7.9	9	チェコ	7.8	9	アイルランド	7.0	9	スウェーデン	25.3	9	ベルギー	5.3
10	オランダ	8.2	10	ベルギー	8.0	10	スウェーデン	7.8	10	ギリシャ	26.8	10	スウェーデン	5.4
11	フランス	8.4	11	スウェーデン	8.8	11	ベルギー	8.0	11	ドイツ	27.2	11	フランス	6.0
12	カナダ	8.6	12	韓国	9.8	12	オーストリア	8.6	12	アイルランド	27.5	12	オランダ	6.3
13	ハンガリー	8.7	13	ハンガリー	10.2	13	ハンガリー	8.8	12	ポルトガル	27.5	13	ポーランド	6.4
14	ポーランド	9.1	14	オランダ	10.3	14	オランダ	8.9	14	イギリス	28.1	14	ドイツ	6.7
15	スウェーデン	9.2	15	エストニア	10.6	15	ラトビア	9.3	15	チェコ	28.4	15	ニュージーランド	7.3
16	オーストリア	9.6	15	ラトビア	10.6	16	エストニア	9.4	16	エストニア	29.1	16	オーストリア	7.5
17	ルクセンブルク	9.8	15	リトアニア	10.6	16	フランス	9.4	16	フランス	29.1	16	エストニア	7.5
18	スイス	9.9	18	スイス	11.4	16	ドイツ	9.4	18	ベルギー	29.5	18	ラトビア	7.6
19	ドイツ	10.9	19	日本	11.5	19	カナダ	9.8	18	オランダ	29.5	19	カナダ	7.7
20	イギリス	11.2	20	フランス	11.7	20	日本	10.6	20	オーストリア	31.0	19	ハンガリー	7.7
21	ニュージーランド	12.4	20	ドイツ	11.7	20	スロバキア	10.6	21	トルコ	31.2	21	日本	8.6
22	オーストラリア	12.6	22	イギリス	11.9	22	ポルトガル	11.1	22	イタリア	33.4	22	オーストラリア	8.8
23	ポルトガル	12.8	23	オーストリア	12.0	23	ニュージーランド	11.3	23	スロバキア	33.6	23	リトアニア	9.5
24	ギリシャ	13.0	24	スロバキア	12.4	24	オーストラリア	11.5	24	イスラエル	33.9	24	ポルトガル	9.7
25	イタリア	13.5	25	オーストラリア	13.3	25	韓国	11.6	25	メキシコ	34.2	25	イギリス	9.9
26	リトアニア	14.1	26	ニュージーランド	14.8	26	イギリス	12.3	26	ルクセンブルク	40.2	26	スロバキア	10.2
27	トルコ	15.0	27	ポルトガル	15.2	27	ギリシャ	13.5	27	スペイン	40.3	27	韓国	10.7
28	韓国	15.3	28	ギリシャ	15.3	28	リトアニア	13.8	28	オーストラリア	41.0	28	ルクセンブルク	12.1
29	日本	15.4	29	ルクセンブルク	15.6	29	ルクセンブルク	14.3	29	リトアニア	41.3	29	ギリシャ	13.2
29	スペイン	15.4	30	イタリア	17.2	30	メキシコ	16.4	30	チリ	42.6	30	アメリカ	14.9
31	エストニア	15.8	31	アメリカ	18.6	31	イタリア	17.2	31	カナダ	44.1	31	メキシコ	15.3
32	アメリカ	16.4	32	メキシコ	19.9	32	スペイン	17.6	32	日本	44.5	32	イタリア	15.8
33	チリ	16.5	33	イスラエル	20.1	33	イスラエル	18.2	33	アメリカ	45.7	33	スペイン	16.4
34	メキシコ	16.6	34	チリ	21.5	34	アメリカ	18.3	34	ニュージーランド	46.1	34	チリ	16.7
35	イスラエル	16.9	35	スペイン	21.8	35	トルコ	18.4	35	コスタリカ	47.4	35	イスラエル	17.7
35	ラトビア	16.9	36	トルコ	22.4	36	チリ	18.9	36	韓国	47.7	36	トルコ	18.2
37	コスタリカ	20.3	37	コスタリカ	27.4	37	コスタリカ	24.3	—	コロンビア	—	37	コスタリカ	22.1
—	コロンビア	—	—	コロンビア	—	—	コロンビア	—	—	スイス	—	—	コロンビア	—
OECD平均		11.4	OECD平均		12.4	OECD平均		11.0	OECD平均		31.1	OECD平均		9.2

（注1）「相対的貧困率」及び「こどもの貧困率」の出典は OECD"Income Distribution Database"。「こどもがいる世帯の貧困率」の出典は OECD Family Database "Child poverty"。いずれも 2023 年 7 月 19 日閲覧。

（注2）「相対的貧困率」、「こどもの貧困率」及び「こどもがいる世帯の貧困率」の日本の数値は、2022 年国民生活基礎調査（厚生労働省）に基づく 2021 年のデータであり、2015 年に改定された OECD の新たな所得定義に基づく数値。

（注3）「相対的貧困率」及び「こどもの貧困率」のチリ及びアイスランドは 2017 年、デンマーク、フランス、ドイツ、スロバキア、スイス及びトルコは 2019 年、コスタリカ、フィンランド、日本、ノルウェー及びスウェーデンは 2021 年、それ以外の国は 2020 年の数値。コロンビアは数値なし。

（注4）「こどもがいる世帯の貧困率」のニュージーランドは 2014 年、オランダは 2016 年、チリ、デンマーク、ハンガリー、アイスランド、スイス及びアメリカは 2017 年、カナダ、ラトビア、スウェーデン及びイギリスは 2019 年、コスタリカは 2020 年、日本は 2021 年、それ以外の国は 2018 年の数値。大人が一人のこどもがいる世帯の貧困率のスイスの数値は OECD データベース上 0 ％となっているが、有効な数値か不明なため数値なしとしている。コロンビアは数値なし。

（注5）各項目の OECD 平均は、37 か国（「こどもがいる世帯の貧困率」の「大人が一人」については 36 か国）の単純平均。

出典：こども家庭庁「こどもの貧困対策・ひとり親家庭支援の現状について」p.11、2023 年

2 ケアと貧困

（1）ひとり親世帯の現状

　なぜ、ひとり親世帯、特に母子世帯の貧困率が高いのでしょうか。ここでは、ひとり親世帯の現状を概観したうえで、貧困の特質をジェンダーやケアの観点から整理していきます。

　まずは、「令和3年度全国ひとり親世帯等調査」の結果を用いて、世帯の特徴を整理していきます（表5-2）。ひとり親世帯になった理由は、「離婚」が母子世帯で約8割、父子世帯で約7割と最も高い割合を占めています。

　次に、就労状況です。母子世帯・父子世帯ともに9割近くの人が働いています。母子世帯では正規が半分に満たない割合ですが、父子世帯は約7

表5-2　ひとり親家庭の状況

		母子世帯	父子世帯
1	世帯数	119.5万世帯 (123.2万世帯)	14.9万世帯 (18.7万世帯)
2	ひとり親世帯になった理由	離婚 79.5% (79.5%) [79.6%] 死別 5.3% (8.0%) [5.3%]	離婚 69.7% (75.6%) [70.3%] 死別 21.3% (19.0%) [21.1%]
3	就業状況	86.3% (81.8%) [86.3%]	88.1% (85.4%) [88.2%]
	就業者のうち正規の職員・従業員	48.8% (44.2%) [49.0%]	69.9% (68.2%) [70.5%]
	うち自営業	5.0% (3.4%) [4.8%]	14.8% (18.2%) [14.5%]
	うちパート・アルバイト等	38.8% (43.8%) [38.7%]	4.9% (6.4%) [4.6%]
4	平均年間収入 [母又は父自身の収入]	272万円 (243万円) [273万円]	518万円 (420万円) [514万円]
5	平均年間就労収入 [母又は父自身の就労収入]	236万円 (200万円) [236万円]	496万円 (398万円) [492万円]
6	平均年間収入 [同居親族を含む世帯全員の収入]	373万円 (348万円) [375万円]	606万円 (573万円) [605万円]

※令和3年度の調査結果は推計値であり、平成28年度の調査結果の構成割合との比較には留意が必要。
※（ ）内の値は、前回（平成28年度）調査結果を表している。（平成28年度調査は熊本県を除いたものである）
※[ ]内の値は、今回調査結果の実数値を表している。
※「平均年間収入」及び「平均年間就労収入」は、令和2年の1年間の収入。
※集計結果の構成割合については、原則として、「不詳」となる回答（無記入や誤記入等）がある場合は、分母となる総数に不詳数を含めて算出した値（比率）を表している。
出典：こども家庭庁「こどもの貧困対策・ひとり親家庭支援の現状について」p.4、2023年

Section 1　子どもの貧困問題

割が正規の職員です。OECD加盟国のなかでも、日本のひとり親世帯の就労率は高い水準であるにもかかわらず、依然として、母子世帯の貧困率は改善されていません。つまり、日本では、一人で子育てをしながら働いても、貧困から抜け出すことができない人が存在しています。言い換えれば、就労が貧困脱出の手段として寄与していないのです。母子世帯になる前後の就業状況・雇用形態を整理していくと、母子世帯になる前に不就業だった人は20.1%で、就業していた78.8%のなかでもパート・アルバイト等と派遣社員が53.7%と過半数を占めており、正規は35.2%でした。母子世帯になる以前はパートナーに経済的に頼っていたという状況が読み取れます。

（2）避けられないケアと貧困リスク

　高齢期の貧困も、社会的関心を集める一つのテーマです。高齢期の貧困は、若年期にどのような生活を送っていたのかが影響してきます。この背景には、扶養[6]の範囲内で働いた経験や、婚姻関係などの変化が関係してきます。

　一方で、女性の貧困は多くの場合、女性が世帯主の場合に顕在化します。例えば、未婚単身女性、母子世帯、離別・死別によって単身となった女性・高齢期の女性などです。一方で、婚姻中、男性が世帯主の場合の貧困問題は把握しにくい傾向にあります[*5]。

　育児や介護、介助等の「ケア」は人が生きていくうえで不可避なものです。期間や程度、文化的な習慣などの違いはあれど、人はみな、子ども期や高齢期、病にかかったとき、障害を負ったときに誰かにケアをしてもらう必要があります[*6]。こうした場合、主に女性がケアの担い手になることが多く、ケアを行うことで労働市場へのアクセスが制限され、低賃金のパートタイム労働に結びつきやすくなります。稼得の機会が減少すると、担い手自身も他者や社会保障給付に依存した状態（「二次的依存」）におかれます。

　二次的依存は、それ自体では貧困として顕在化しませんが、労働市場や家族内においても不利な立場におかれやすく、DV（配偶者からの暴力）

---

6 扶養

主に生計を維持している者が家計を支え、他の家族を養うことを言います。例えば、年金制度であれば、民間のサラリーマンや公務員など、雇われて働いている人は第2号被保険者となり、その被扶養配偶者は第3号被保険者となります。配偶者の扶養の範囲内で働くことで、被扶養者は社会保険料の負担が発生しません。社会保険に関する年収の壁は2つあります。1つ目は、「106万円の壁」、2つ目は「130万円の壁」です。

---

*5 ルース・リスター、松本伊智朗監訳、松本淳・立木勝訳『新版 貧困とはなにか——概念・言説・ポリティクス』明石書店、p.105、2023年
*6 マーサ・アルバートソン・ファインマン、穐田信子・速水葉子訳『ケアの絆——自律神話を超えて』岩波書店、p.28、2009年

や貧困のリスクになることが指摘されてきました[7]。世帯が貧困でなければ、ケアの担い手が稼げない状態は家族形態の一つですが、女性が世帯主の時に貧困問題として顕在化します。

---

[7] ルース・リスター、松本伊智朗監訳、松本淳・立木勝訳『新版 貧困とはなにか——概念・言説・ポリティクス』明石書店、p.108、2023 年

Section 2 子どもの貧困対策のこれから

> **ねらい**
>
> ● 子どもの貧困問題を改善するために、どのような対策がとられてきたのか整理しましょう。

1 子どもの貧困対策法とその課題

（1）子どもの貧困対策法成立

子どもの貧困に対する社会的関心が高まり、2008（平成 20）年に日本において貧困の再発見[7]がなされて以来、さまざまな場所で耳にする機会が増えています。松本は「子どもの貧困」という言葉が一人歩きし、「貧困」と切り離されて使用されることに危惧を感じ、警鐘を鳴らすとともに、家族依存の緩和が重要であると論じています[*8]。また、「貧困は、必要を充足するための資源の不足・欠如」であるため、貧困対策は、資源の充足、すなわち所得保障を中心に行っていく必要があります。

2013（平成 25）年に制定された子どもの貧困対策の推進に関する法律（子どもの貧困対策法）は、社会的な関心の高まりのもとで打ち出された法律でしたが、学習支援・教育的支援を強調する一方で、所得保障の観点が薄いという課題がありました。

（2）生活保護基準引き下げと扶養義務強化

同じく 2013（平成 25）年には、生活保護基準の引き下げと扶養義務の強化がなされました。この背景には、子どもの貧困問題は解決したいという同意が得られる一方で、大人の貧困は自己責任という考え方が根強く残っています。貧困世帯への給付の引き下げが行われるということは、貧困状態で子育てをしている家族への支援が減少するということを意味しま

> **7 貧困の再発見**
>
> 2008（平成 20）年8月のリーマンショック、12月の年越し派遣村をきっかけに、日本国内において貧困が社会問題化しました。子どもの貧困に関連する書籍も多数発売され、松本や阿部彩らは、2008（平成 20）年を「子どもの貧困の再発見の年」と呼んでいます。

---

*8 松本伊智朗・湯澤直美編著、松本伊智朗編集代表『生まれ、育つ基盤——子どもの貧困と家族・社会』明石書店、pp.42 ～ 43、2019 年

す。つまり、子どもの貧困を解決しようと動く一方で、その子どもたちを養育する親への支援は減少しており、より子どもに負担を強いる構造が生み出されていると言わざるを得ません。

松本は、所得保障を中心とした貧困対策は厳しく、同時に、所得保障を抜きにした子どもの貧困対策は積極的に行うという構図になっていないかという疑問を呈しています。「親の貧困による子どもの不利」を強調することは、結果的に「責任を果たせない親」というレッテルを貼り、親を追い詰めることになってしまいます。子どもが依存せざるを得ない「家族」が貧困のリスクを覆い隠す場合もあります。

2 改正された子どもの貧困対策法とその課題

（1）貧困対策の５つの柱

こども家庭庁「こどもの貧困対策・ひとり親家庭支援の現状について」の資料に基づき、2023（令和５）年度の「こどもの貧困対策に関する主な施策」を、５つに分けて整理していきます。

第一に、教育の支援です。不登校や虐待など、子どもやその家庭が抱える課題にいち早く対応するために、スクールソーシャルワーカーやスクールカウンセラーの貧困や虐待等への対策のための重点配置校を前年度より3900校増やして１万6200校とするなど、配置を推進します。また、貧困等に起因する学力課題の解消のための教員定数の加配措置、高等教育の修学支援新制度（授業料等減免・給付型奨学金）、ひとり親家庭の高等学校卒業程度認定試験の合格支援が行われます。

第二に、生活の支援です。例えば、「こどもの生活・学習支援事業」では、2023（令和５）年度より内閣府「地域子供の未来応援交付金」が統合され、食事の提供にかかる費用を新たに補助対象に加えるとともに、関係機関との連携体制整備にかかる費用が補助されます。そのほかに、相談窓口のワンストップ化の促進が行われ、セーフティネット登録住宅の改修事業に対する支援では、既存住宅等を改修し、子育て世帯等の住宅確保要配慮者専用の住宅とする場合の改修費が補助されます。

第三に、就労の支援です。ここでは、母子家庭等就業・自立支援事業、

母子・父子自立支援プログラム策定事業、ひとり親家庭への高等職業訓練促進給付金等の支給、ひとり親家庭への高等職業訓練促進資金貸付があげられています。

　第四に、経済的支援です。低所得の子育て世帯に対する子育て世帯生活支援特別給付金、母子父子寡婦福祉資金の貸付の2つがあります。食費等の物価高騰に直面し、特に影響を受ける低所得の子育て世帯に対し、特別給付金を支給することにより、その実情を踏まえた生活の支援を行います。

　第五に、その他官公民の連携プロジェクト・国民運動の展開（子どもの未来応援国民運動）や、沖縄こどもの貧困緊急対策事業があります。

（2）子どもの貧困対策で残された課題

　2023（令和5）年度の子どもの貧困対策に関する主な施策は、食事、居場所、教育の保障などの子どもの「今」を豊かにすること・保障することにもつながっています。一方で、貧困の脱却に寄与する経済的支援になっていないことが課題です。言い換えれば、保護者が一人でケアと仕事の両立をすることの難しさに対して、教育費や子育て費用の負担の軽減、児童手当や児童扶養手当の所得制限が緩和されていく必要があるということです。

　教育は貧困解決の一つの切り札になります。しかし、労働のあり方・社会保障のあり方、家族への支援がなければ、貧困問題の根本的な解決には至らないでしょう。

（3）「こどもの貧困解消法」へ

　2024（令和6）年6月19日に、子どもの貧困対策法の改正案が参議院本会議で可決・成立しました。法律名は「こどもの貧困の解消に向けた対策の推進に関する法律」（こどもの貧困解消法）に変更される予定です。目的が、「貧困により、こどもが適切な養育及び教育並びに医療を受けられないこと、こどもが多様な体験の機会を得られないことその他のこどもが権利利益を害され及び社会から孤立することのないようにするため」（第1条）と変更され、また、子どもの権利条約に加え、日本国憲法第25条（生存権）とこども基本法の精神にのっとることが追記されることになりました。

　基本理念には、将来のこどもの貧困を防ぐこと（第3条第2項）や、妊

娠から出産まで、こどもがおとなになるまでの支援が切れ目なく行われること（同条第3項）、こどもの貧困が家族の責任に係る問題としてのみとらえられるべきものではなく、国民の理解を深めることを通じて、社会的な取組として推進されなければならないこと（同条第5項）が追記されます。

今回の改正で、子どものみならず、その家族や若者世代を含めて、貧困の解消に向けた対策が実施されていくことになります。

Discussion Time

貧困は生活保護世帯やひとり親世帯などのようにわかりやすく現れるわけではありません。「何かおかしい」「なぜ？」と感じる保育者の違和感はそのままにせず、職員間で共有をしましょう。保育者が困り感[8]や対応の難しさを感じるときには、その家庭が困難を抱えている場合があります。

そこで、もし、みなさんが保育者として、次のような子どもの姿を見かけたら、どのような声かけや対応をしますか？

> ①朝から元気がない
> ②人の出入りや大きい音を気にしていて、保育に集中できていない
> ③あざがみられる
> ④欠席回数が多い

まずは自分で考えたうえで、周りの人と意見交換しましょう。

討論のヒント

子どもの様子がふだんと違う場合、その子どもがおかれている状況を把握する必要があります。子どもの最善の利益を考えたときに、子どもの貧困や虐待などの問題にどのように対応する必要があるでしょうか。

---

8 困り感
師岡秀治氏の登録商標（第5950740）です。

事後学習

大学進学まで含めると、子どもを 1 人育てるためには最低いくら必要でしょうか。
大学進学までにかかる費用を調べて、子育て家庭の生活状況と貧困についての理解を深めましょう。

参考文献

- 岩永理恵・卯月由佳・木下武徳『生活保護と貧困対策――その可能性と未来を拓く』有斐閣ストゥディア、2018 年
- 江口英一「社会福祉研究の視角――本書の編成にあたって」江口英一編著『社会福祉と貧困』法律文化社、1981 年
- エヴァ・フェダー・キテイ、岡野八代・牟田和恵監訳『愛の労働あるいは依存とケアの正義論』白澤社、2010 年
- 厚生労働省子ども家庭局家庭福祉課「令和 3 年度 全国ひとり親世帯等調査結果の概要」2022 年
- こども家庭庁「こどもの貧困対策・ひとり親家庭支援の現状について」2023 年
- 鳥山まどか「特集にあたって」『大原社会問題研究所雑誌』739 号、2020 年
- ピーター・タウンゼント「相対的収奪としての貧困――生活資源と生活様式」ドロシー・ウェッダーバーン編著、髙山武志訳『イギリスにおける貧困の論理』光生館、1977 年
- 平岡公一・杉野昭博・所道彦・鎮目真人『社会福祉学』有斐閣、2011 年
- ベンジャミン・シーボーム・ラウントリー、長沼弘毅訳『貧乏研究』千城、1959 年
- マーサ・アルバートソン・ファインマン、穐田信子・速水葉子訳『ケアの絆――自律神話を超えて』岩波書店、2009 年
- 松本伊智朗「子どもの貧困研究の視角――貧困の再発見と子ども」浅井春夫・松本伊智朗・湯澤直美編『子どもの貧困――子ども時代のしあわせ平等のために』明石書店、2008 年
- 松本伊智朗編『「子どもの貧困」を問いなおす――家族・ジェンダーの視点から』法律文化社、2017 年
- 松本伊智朗編著『子どもと家族の貧困――学際的調査からみえてきたこと』法律文化社、2022 年
- 松本伊智朗・湯澤直美編著、松本伊智朗編集代表『生まれ、育つ基盤――子どもの貧困と家族・社会』明石書店、2019 年
- 松本伊智朗・湯澤直美・平湯真人・山野良一・中嶋哲彦編著『子どもの貧困ハンドブック』かもがわ出版、2016 年
- 保田真希「地方都市における子育て家族の生活と資源――地域の移動タイプと追加的なケアに着目して」北海道大学博士論文、2018 年
- ルース・リスター、松本伊智朗監訳、松本淳・立木勝訳『新版 貧困とはなにか――概念・言説・ポリティクス』明石書店、2023 年
- Abel-Smith,B. & Townsend,P., *The poor And The Poorest*, Bell, 1965.

Chapter 6

母子保健と
子どもの健全育成

児童憲章

三　すべての児童は、適当な栄養と住居と被服が与えられ、また、疾病と
　　災害からまもられる。

　子どもの育ちは、連続性と多様性が基本です。しかし、誕生、就園、小学校就学等の前後のタイミングで、子どもの年齢に応じて環境（社会）の面が大きく変わる節目がいくつか存在します。このような節目が、子どもの育ちの大きな「切れ目」にならないように乳幼児期の育ちは母子保健分野が、学童期からは教育機関や地域において、関係機関が連携し、認識を共有しながら育ちを保障する必要があります。

　児童憲章第3条には「すべての児童は、適当な栄養と住居と被服が与えられ、また、疾病と災害からまもられる」とあります。これは、どんな環境に生まれ育っても、多様な一人ひとりの子どもたちの健康・衣食住が守られ、育つことが保障されているという意味ととらえることができます。Chapter 6 では、すべての子どもが安心・安全に生きることができる社会、「こどもまんなか社会」のための政策を学びます。

> **事前学習**
>
> 現代の「孤育て[1]」について、話し合ってみましょう。
> 『サザエさん』のような3世代が暮らす家庭と現代の核家族では子育てにどのような違いがあると思いますか。
> 現代の小学生と『ちびまる子ちゃん』の放課後との違いを話し合ってみましょう。

Section 1　母子保健政策

1 孤育て

夫や親族の協力を得られず、近所との付き合いもなく孤立したなかで母親が子どもを育てている状態をいいます。

> **ねらい**
>
> ● 「子どもの誕生前から幼児期」という人生のスタートを切るための重要な時期に、どのような母子保健政策が行われているか学びましょう。
> ● 母子保健政策における切れ目のない支援の必要性について理解しましょう。

1 子どもの誕生前から幼児期までの切れ目のないサポート

（1）切れ目のないサポートとは

　切れ目のないサポートとは、子どもが誕生する前から子育て期にわたる、連続的で中断のない支援のことを指します。

2 乳児死亡率

2022（令和4）年の日本の新生児死亡率は0.8、乳児死亡率は1.8（いずれも出生1000人あたり）で、これらは世界的にみても低い数値です。

　日本の乳児死亡率[2]をはじめとする母子保健指標は世界でもトップレベルです。しかし、虐待死の半数が0歳児であり、加害者の割合を多く占める実母が、支援につながっていないことも一因と考えられます。産後はホルモンバランスの変化から精神的に不安定になることに加え、育児への不安が大きい時期です。このようなことから母子保健にかかわる政策は切れ目のない支援を目指し、誕生前から母子の健康や子育てに関連する情報やサービスを提供していくことが必要といえます。

（2）フィンランドのネウボラ

「切れ目のない支援」については、フィンランドのネウボラ[3]がモデルになっているといわれています。フィンランドでは、妊娠期から子育て期に至るまで担当保健師により途切れなく手厚い支援がなされています。日本では妊娠が判明した際に向かう先は病院ですが、フィンランドでは病院ではなくネウボラに向かい、妊婦とその夫は担当保健師のクリニックを定期的に受診します。ネウボラの保健師は妊婦健診を実施するとともに家族全員の健康相談にも応じてくれます。子育て世代包括支援センター（現・こども家庭センター）は、母子保健サービスと子ども家庭相談が一体となったもので、「日本版ネウボラ」ともいわれました。

> **3 ネウボラ**
> フィンランドはムーミンやサンタクロース村で有名ですが、福祉国家としても知られ、子育てや医療への手厚い支援が行われています。世界幸福度ランキングにおいて7年連続で1位を獲得しています（2024年時点）。ネウボラとはフィンランド語でアドバイスの場所という意味です。

2 子どもとその母親にかかわる主な法律

（1）母子保健法（1965（昭和40）年公布）

母子保健政策の基盤となる法律で、母性および乳幼児の健康の保持増進を図ることを目的としています。母子保健向上のため、母子保健に関する知識の普及、母子健康手帳の交付、妊産婦等への保健指導、妊産婦・新生児の訪問指導などが規定されています。

（2）児童福祉法（1947（昭和22）年公布）

すべての子どもを対象にした福祉の積極的増進や健全育成を基本理念とした法律です。制定された当時、戦争により親を亡くした戦災孤児たちは家もなく、路上での生活を余儀なくされていました。そのような社会背景から、子どもの健やかな成長と最低限度の生活を保障するため、本法は制定されました。

児童相談所へ寄せられる児童虐待相談対応件数が年々増加していること、さらに子どもの命が奪われる重大事件が後を絶たないことなどが社会問題となり、2016（平成28）年には児童福祉法の理念が大きく改正され、これまで児童福祉の「対象」として位置づけられていた子どもが、児童福祉を受ける「権利主体」へと変わりました。

（3）母体保護法（1948（昭和23）年公布）

①母体保護法

　不妊手術および人工妊娠中絶に関することを定める法律です。日本では刑法第212条に堕胎の罪が定められており、中絶は禁止されています。しかし、一定の条件[4]のもと、母体保護法に基づく人工妊娠中絶が適法とされており、厚生労働省によると、日本では2022（令和4）年度に約12万件の人工妊娠中絶が実施されています。

　この法律は、制定当時は「優生保護法」という名称でしたが、1996（平成8）年に題名が改正となり、優秀・優良な子孫を残すという差別的な優生思想を排除した形になりました。

②出生前診断

　おなかの赤ちゃんがダウン症（21トリソミー）など染色体異常をもつかどうかを生まれる前に調べるのが出生前診断です。医療技術の進歩により、血液検査や超音波検査でも病気や障害の可能性がわかるようになってきました。しかし、予期せぬ結果を告げられた親は、「産むか、産まないか」というつらい決断を迫られることになります。また、おなかの赤ちゃんの一生を左右する重要な決断になるので、正確できめ細かい説明と検査前後における専門家による十分な遺伝カウンセリングを行い、親に情報を正しく伝えることが大切だといえます。

3　各種健診や検査

（1）妊産婦健康診査

　妊娠・出産は身体に負担がかかるため、健康を保護するための診査が制度により決められています。出産前の診査を「妊婦健康診査」、出産後の診査を「産婦健康診査」といいます。

①妊婦健康診査

　妊娠期間中の赤ちゃんと母親の健康状態を確認するための健診です。健康状態の確認以外にも、病気の早期発見や赤ちゃんの成長を確認する目的も含まれます。近年、出産年齢の上昇などにより、健康管理がより重要になる妊婦が増えており、また経済的理由等で健診を受けない未受診妊婦もみられます。そのため、妊婦に対する保健指導と健康診査の重要性が高まっ

---

4 一定の条件

中絶が認められる一定条件とは、①妊娠の継続または分娩が身体的または経済的理由により母体の健康を著しく害するおそれのあるもの、②暴行もしくは脅迫によってまたは抵抗もしくは拒絶することができない間に姦淫されて妊娠したものの2つです。

ています。

②産婦健康診査

　産婦の身体の回復や精神状況の把握をはじめ、産後うつや新生児への虐待を予防するため市町村から委託を受けた医療機関で行われます。市町村は報告に基づいて産後ケア事業（p.81）など、必要な支援につなげます。

（2）乳幼児健診

　すべての子どもが健やかに育つことを目的とし、母子保健法において、1歳6か月児健康診査、3歳児健康診査が義務づけられています。そのほかの乳幼児にも必要に応じて健診を行うことが勧められています。

4　母子健康手帳

（1）母子健康手帳とは

　妊娠するともらえる母子健康手帳は、赤ちゃんがおなかにいる時からの大切な健康の記録です。誰でも、どこでも、切れ目のない医療支援を受けられるようにするのが母子健康手帳の目的です。手帳の前半は健康の記録で、全国共通の内容になっており、手帳の後半はコンパクトにまとめられた育児書になっています。

（2）多様性のある手帳

　国際化が進むなか、日本にいる外国人の親子のために、各国の言語（現在、10言語）の母子健康手帳が発行されています。巻末には産科・小児科受診時に便利な「指さし対話集」も収載されています（写真6-1）。

　また、さまざまな育ちの子どもにあわせた手帳も作られています。小さく生まれた赤ちゃん向けの「リトルベビーハンドブック」や、ダウン症の子ども、心臓病の子どもなど、ケアの必要な親子向けの手帳を支援団体や自治体が制作・配布しています。

（3）母子健康手帳の改訂

　2023（令和5）年4月から母子健康手帳が11年ぶりに新しくなりました。主な変更点は、①産後ケアと相談窓口の案内、②父親・家族の記載欄の新

写真6-1 外国語日本語併記母子健康手帳

【令和6年度】英語（English）／日本語母子健康手帳

同左の中身の一部（指差し受診対話集）

出典：公益財団法人母子衛生研究会

設、③デジタル化の推進、④18歳までの子どもの身体の成長を記録する欄の追加などです。今までは「妊婦と子どもの手帳」というイメージが強かった母子健康手帳ですが、改訂により妊産婦のメンタルヘルスへの配慮や子どもの成長に寄り添う手帳となっています。

5 予防接種

　子どもがかかりやすい感染症は、たくさんあります。そのなかには、予防接種によって発症を予防できる、あるいは、重症化を予防できるものがあります。予防可能な感染症には、結核や破傷風など、感染すると非常に重篤な症状になるものがあり、日本では、毎年多くの子どもたちが、このような病気に感染して、重い後遺症で苦しんだり、命を落としたりしています。特に乳幼児は免疫が弱く、感染症にかかりやすくて重症化しやすいので、適切なタイミングで予防接種を受け、感染症から体を守る必要があります。また、予防接種は、本人だけでなく周囲も守ることになり、社会全体から感染症を減らすことが子どもたちの健康を守ることになります。

6 産後ケア事業

　近年、晩婚化や核家族化により、産後の特に支援を必要とする時期に、自分の両親などの身近な人から手伝ってもらうことができず、不安や孤独を抱えたまま、子どもとの新しい生活が始まる母親が多くなっています。

　産後ケア事業は、子どもと母親に対し、心と身体のケアや育児のサポートを行い、産後も安心して子育てができる支援体制を確保します。具体的には、母親の身体的な回復のための支援や母親の話を傾聴する等の心理的支援、新生児および乳児の状況に応じた具体的な育児指導、地域で育児をしていくうえで必要な社会的資源の紹介等を行います。

7 こんにちは赤ちゃん事業（乳児家庭全戸訪問事業）

　生後4か月までの乳児のいるすべての家庭を訪問し、さまざまな不安や悩みを聞き、子育て支援に関する情報提供等を行うとともに、親子の心身の状況や養育環境等の把握や助言を行い、支援が必要な家庭に対しては適切なサービス提供につなげます。このようにして、乳児のいる家庭と地域社会をつなぐ最初の機会をつくることにより、乳児家庭の孤立を防ぎ、乳児の健全な育成環境の確保を図るものとなっています。

　妊娠、出産、子育て期は心身の変化、生活の変化が大きい時期のため、母親のメンタルヘルスの不調がもたらされることがあります。産後ケア事業やこんにちは赤ちゃん事業は、子どもと母親の健康を守るだけではなく、家庭内の養育状況をていねいに把握できる貴重な機会です。このようなポピュレーションアプローチ[5]によって問題の早期発見、予防、早期支援を行うことが、母親の心身の安定と赤ちゃんとの愛着形成をうながすことにつながると考えられます。

5 ポピュレーションアプローチ

ポピュレーションアプローチとは、すべての親子に届ける支援をいい、母子保健において重要な概念です。対義語としてのハイリスクアプローチは一定のリスクがある個人へのはたらきかけをいいます。母子保健事業では、ポピュレーションアプローチとハイリスクアプローチの両面から親子の健やかな暮らしを支援します。

Section 2 子どもの健全育成

> **ねらい**
> ● 健全育成のための社会資源や施策について学びましょう。
> ● 児童健全育成における切れ目のない支援について理解しましょう。

1 子どもの健全育成を行う社会資源

（1）児童厚生施設

　児童に健全な遊びを与えて、その健康を増進し、または情操を豊かにする施設で、屋内型の児童館と屋外型の児童遊園があります。

①児童館

　児童館は、18歳未満の子どもが自由に利用することができる児童福祉施設です。児童厚生員（遊びを指導する者）を配置して、遊びを通じた子どもの健全育成活動を行っています。児童館の役割として、利用する子どもたちへの日々のかかわりや支援にとどまらず、保護者への子育て支援をはじめ、地域社会に対しても子育てに関する情報の発信を行っています。

　また、近年では、貧困、不登校、虐待、ヤングケアラーなど福祉的課題への対応や中学生・高校生世代の活動や支援の場など「子どもの居場所」[6]としての役割がいっそう求められています。

②児童遊園

　児童遊園とは、児童館とともに児童に健全な遊びを与えて、健康増進や情緒を豊かにすることを目的として設置されている児童福祉施設です。子どもたちが遊べる広場に、砂場、ブランコや滑り台などの遊具が設置されています。

（2）放課後児童健全育成事業

　学童保育（放課後児童クラブ、児童クラブ、学童クラブ）は、児童福祉法における「放課後児童健全育成事業」の通称です。

6「子どもの居場所」
地域のつながりの希薄化、少子化により子どもが居場所をもつことが難しくなっている現状があります。とりわけ、貧困や虐待等で厳しい環境に育つ子どもは居場所をもちにくいと考えられることから、個別のニーズに合わせた居場所をつくることで誰一人取り残さない支援を行う必要があります。

①学童保育とは

　学童保育は、保護者が仕事等の理由で昼間家にいない小学生に対し、授業の終了後、児童厚生施設等の施設を利用して適切な遊びおよび生活の場を与えて、その健全な育成を図るものとされています。

　学童保育の活動は、「ただいま」と学校から帰ってきたところから始まります。きょうだいのように友達と過ごし、親のように先生たちに気持ちを受け止めてもらい、放課後から親が帰宅するまでの時間、安心して過ごすことのできる場所となっています。

②学童保育の課題

　共働きやひとり親の増加により、学童保育に入れない待機児童の問題があります。また、全国学童保育連絡協議会によると、小学生が学童保育で過ごす時間は、長い子どもでは 1680 時間と、小学校より 400 時間以上長い子どももおり、学童保育は小学生の子どもたちにとって、家庭や教室と同じくらい大切な場所といえます。しかしながら、保護者の就労を目的として整えてきた施設という面から、学童保育利用者の人数が 71 人以上[7]の大規模な施設もあり、子どもたちの遊びや勉強のスペースが十分でない場合もあります。

③海外の学童保育

　日本では保護者が働いている場合にのみ利用できる学童保育ですが、海外では子ども自身に学童に通う権利があるという考えのもと、学童保育が整備されています。海外では子どもの「遊ぶ権利」が重要視されていて、学童保育は単なる親がいない間の預かりではなく、子どもの放課後を充実させて豊かな成長につなげるためのものと考えられています。例えば、イギリスでは 2005 年からすべての学校で授業開始前と放課後に対応するクラブが設置され、スポーツやゲーム、アートなど自由に時間を過ごします。また、スウェーデンも学童保育において先進的な国の一つで、学童保育クラブは全ての子どもが利用可能であり、ほとんどのクラブは小学校内に配置されています。クラブの内部は、子どもが長い時間をリラックスして過ごすことができる家庭のように設計されています。

[7] 71 人以上

放課後児童クラブガイドラインでは、「集団の規模については、おおむね 40 人程度までとすることが望ましい」、「1 放課後児童クラブの規模については、最大 70 人までとすること」とされています。

2 健全育成のための施策

日本では、すべての児童のより健やかな成長を支援するための施策を児童健全育成施策と呼んでいます。以下では、その主な施策についてみていきます。

（1）放課後子ども総合プランと新・放課後子ども総合プラン

厚生労働省と文部科学省は、小１の壁[8]を打破するとともに、未来を担う子どもたちを育てるために、2014（平成26）年に「放課後子ども総合プラン」、2018（平成30）年に「新・放課後子ども総合プラン」を策定しました。これにより、地域社会では放課後の子どもたちの安全で健やかな居場所づくりのため、放課後児童クラブと放課後子ども教室[9]の連携促進が行われました。しかし、学童保育のニーズは年々増加傾向のため、今後はこども家庭庁・文部科学省による「放課後児童対策パッケージ」のプログラムを通じて、すべての子どもが安全で充実した放課後を過ごせる場所を拡充することを目指しています。

（2）健やか親子21

妊娠、出産、育児、これらを取り巻く課題は、核家族化、少子化、子育ての孤立など数多くあげられます。「健やか親子21」は、そうした課題を解決し、「すべての子どもが健やかに育つ社会」の実現を目指し、関係するすべての人々、関連機関・団体が一体となって取り組む国民運動として2001（平成13）年から始まりました。2015（平成27）年度からは「健やか親子21（第２次）」として活動が開始されています。３つの基盤課題（A 切れ目ない妊産婦・乳幼児への保健対策、B 学童期・思春期から成人期に向けた保健対策、C 子どもの健やかな成長を見守り育む地域づくり）を設定し、そのなかでも特に重点的に取り組む必要のあるものを２つの重点課題（①育てにくさを感じる親に寄り添う支援、②妊娠期からの児童虐待防止対策）としています（図6-1）。

また、「健やか親子21」における具体的な取り組みの一例として、マタニティマーク[10]の普及啓発があります（図6-2）。

---

8 小１の壁

小学校に入学すると、それまでの手厚い保育サービスが利用できなくなり、それに代わる子育ての施策が充実していないため、保護者が仕事と子育ての両立に支障をきたすことを指します。

9 放課後子ども教室

子どもたちが放課後を安全・安心に過ごし、多様な体験・活動ができるよう、地域の人々の参画を得て、放課後等に全ての児童を対象として、学習や体験・交流活動などを行う事業。

10 マタニティマーク

妊娠初期は、赤ちゃんの成長はもちろん、母親の健康を維持するためにも大切な時期ですが、外見からは見分けがつかないため、妊婦にはさまざまな苦労があります。マタニティマークは、職場や公共機関等における周囲の配慮や、妊産婦にやさしい環境づくりを推進することが目的です。

図6-1 健やか親子21

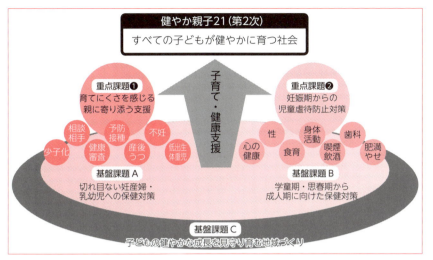

出典：厚生労働省・健やか親子21推進協議会「健やか親子21（第2次）」p.2、2014年

図6-2 マタニティマーク

出典：「健やか親子21」事務局「デザインシステムガイド」p.8

（3）こども家庭センター

核家族化や地域社会の変化を背景に、子育てに困難を抱える家庭がこれまで以上に増えてきています。乳幼児期、特に未就園児の場合、親子が地域で孤立する傾向にあり、社会が具体的な支援を届けることができず虐待が深刻化する例もあります。

そこで、2024（令和6）年4月より、市町村（特別区を含む）は、母子保健法に基づき妊産婦や乳幼児の保護者の相談を受ける「子育て世代包括支援センター」と、児童福祉法に基づき虐待や貧困などの問題を抱えた家庭に対応する「子ども家庭総合支援拠点」の機能を一体的に行う「こども

図6-3 こども家庭センター

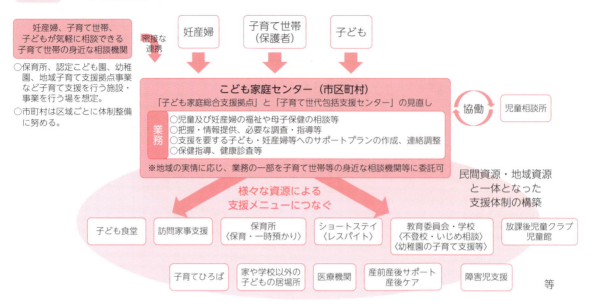

出典：こども家庭庁支援局虐待防止対策課「こども家庭センターについて」p.4、2023年

家庭センター」の設置に努めることになりました（図6-3）。これによってすべての妊産婦、子育て世帯、子どもに対し、ワンストップで包括的な相談支援を行い、切れ目なく、漏れなく虐待への予防的な対応から子育てに困難を抱える家庭まで対応することを目指しています。

（4）成育基本法（2019（平成31）年公布）

正式名称は「成育過程にある者及びその保護者並びに妊産婦に対し必要な成育医療等を切れ目なく提供するための施策の総合的な推進に関する法律」です。

成育とは、生殖・妊娠期→胎児期→新生児期→乳児期→学童・思春期→性成熟期→生殖・妊娠期と循環する「次世代育成サイクル」（図6-4）を意味する言葉です。

成育過程にある子どもやその保護者、そして妊産婦に対する切れ目のない医療、福祉などの提供を目指す理念法[11]となっています。

成育基本法と前述の「健やか親子21（第2次）」は、理念や目指す方向は同じですが、子育てに対して包括的な観点から施策の方針を定めている成育基本法のなかでも、特に保健と普及啓発の領域を担うのが「健やか親子21（第2次）」であるといえます。

11 理念法

成育基本法には、①心身の健やかな成育が図られることを保障される権利の尊重、②多様化・高度化する成育過程にある者などの需要に適格に対応した成育医療等の切れ目ない提供、③居住地域によらない適切な成育医療等の提供、④成育医療等に関する情報が適切に提供され、安心して子どもを生み、育てられる環境の整備、という4つの基本理念が含まれています。

86　Section 2　子どもの健全育成

図6-4　次世代育成サイクル

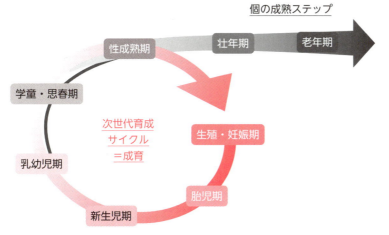

出典：厚生労働省子ども家庭局母子保健課「最近の母子保健行政の動向」p.3、2019年

Discussion Time

Chapter 6 の内容を振り返りながら、次の事例について検討してみましょう。

事例

Cちゃん（年長・女児）の母親から、妊娠したという相談を受けました。母親はシングルマザーで、パートナーとは内縁関係にあり、結婚の予定はないそうです。また、仕事はパート就労のため、今後の生活が不安とのことで、多機関で支援する必要があるケースです。どのような機関に声をかけて、Cちゃん家族を支えていきますか。

討論のヒント

自分たちが住む地域の子ども・家庭に関する主な相談機関と相談領域を調べてみましょう。

事後学習

子どもが過ごす空間を豊かにするために、空間をつくる「人」が重要です。「直接接する人」「子どもを見守る人」などについて、地域には子どもの育ちを支えるどんな人がいるか、グループで話し合い、模造紙などに記入してみましょう。
（例：子どもと直接接する人→保育士
　　　地域の空間で見守る人→近所の人）

参考文献

- 一般財団法人児童健全育成推進財団企画・編『児童館・放課後児童クラブテキストシリーズ①健全育成論』一般財団法人児童健全育成推進財団、2019年
- 公益財団法人母子衛生研究会「【令和6年度】英語（English）／日本語母子健康手帳」2024年
- 厚生労働省「令和4年（2022）人口動態統計（確定数）の概況」2023年
- 厚生労働省子ども家庭局母子保健課「最近の母子保健行政の動向」2019年
- 厚生労働省・健やか親子21推進協議会「健やか親子21（第2次）」2014年
- こども家庭庁「放課後児童健全育成事業（放課後児童クラブ）」https://www.cfa.go.jp/policies/kosodateshien/houkago-jidou
- こども家庭庁支援局虐待防止対策課「こども家庭センターについて」2023年
- 小林秀幸「近年の母子保健に関わる政策動向」『保健師ジャーナル』第76巻第4号、2020年
- 「健やか親子21」事務局「デザインシステムガイド」
- 横山美江・Hakulinen Tuovi編著『フィンランドのネウボラに学ぶ 母子保健のメソッド——子育て世代包括支援センターのこれから』医歯薬出版株式会社、2018年

Chapter 7

次世代育成支援と地域との連携・協働

児童憲章

九　すべての児童は、よい遊び場と文化財を用意され、わるい環境からまもられる。

　少子社会には、子どもを産み育てることの大変さや子どもが安心して過ごせる居場所が少ないなどの背景があります。

　児童憲章第9条にある「よい遊び場と文化財」とは、子どもの道徳や情操、知能などの健全な発達をもたらす施設や居場所を指します。また、芸術作品や絵本、音楽、劇などの幅広い分野も子どもの豊かな成長をうながします。それらは、自治体やNPO、ボランティア団体、サークルなど、地域のさまざまな社会資源が協働しつくり出すものです。

　Chapter 7では、次世代の社会を担う子どもが健やかに生まれ、育つために国や自治体、事業者等がどのような対策を進めているのか、また、地域における子育て支援事業がどのような連携・協働のもとに行われているのかを学びます。

事前学習

子育てしやすい社会をつくるにはどうすればよいか考えてみましょう。
地域のつながりが子どもの健全な成長にどんな影響を与えるか調べてみましょう。

Section 1 次世代育成支援と子ども家庭福祉の推進

ねらい

● 次世代育成支援対策とは何か学びましょう。
● 子ども・子育て支援制度の課題について理解しましょう。
● 子育てと仕事を両立するための制度について学びましょう。

1 次世代育成支援対策とは何か

（1）少子化対策

いま、日本では少子化が進んでいます。図7-1は出生数および合計特殊出生率の推移を表しています。これをみると、子どもの生まれる数が急速に減少していることがわかります。合計特殊出生率[1]は、1949（昭和24）年の第1次ベビーブームでは4.32でしたが、2023（令和5）年は1.20（概数）で過去最低となっています。

少子化に対する危機感は、合計特殊出生率が戦後最低を記録した1966（昭和41）年の丙午（ひのえうま）をさらに下回った、1989（平成元）年にクローズアップされました。これは「1.57ショック」と呼ばれ、少子化に社会的な対策が必要であると多くの人に認識されるきっかけとなりました。

少子化対策を中心とした子育て支援施策は、1994（平成6）年の「今後の子育て支援のための施策の基本的方針について（エンゼルプラン）」があります。ここでは、仕事と子育ての両立の支援、育児負担の軽減、住環境の整備などが目指されました。さらに、エンゼルプランのうち緊急に整

1 合計特殊出生率
その年次の15〜49歳の女性の年齢別出生率を合計したものです。1人の女性が一生の間に生む子どもの数に相当します。

図7-1 出生数と合計特殊出生率の推移

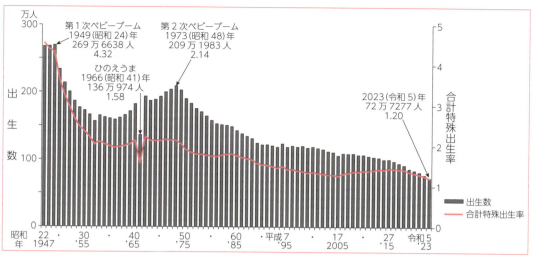

出典：厚生労働省「令和5年（2023）人口動態統計月報年計（概数）の概況 結果の概要」p.4、2024年を一部改変

備が必要とされる、低年齢児保育の促進や多様な保育サービスの提供、保育料の軽減などについて、「緊急保育対策等5か年事業」として数値目標を掲げ、取り組むことになりました。さらに、1999（平成11）年には「重点的に推進すべき少子化対策の具体的実施計画（新エンゼルプラン）」が策定され、延長保育や休日保育の推進など保育サービスの充実や、仕事と子育ての両立のための雇用環境の整備などが進められました。

（2）少子化対策から、子ども・子育て支援へ

これまでの少子化対策は、家庭における「仕事と子育ての両立支援」、特に働く女性を念頭においた保育サービスの拡大が中心でした。しかしその後も出生率の低下は続いたため、2002（平成14）年「少子化対策プラスワン」として、これまで比較的力を入れてこなかった「男性を含めた働き方の見直し」「地域における子育て支援」「社会保障における次世代支援」「子どもの社会性の向上や自立の促進」の4つの分野に取り組むこととなりました。同時に「「子どもを育てたい、育てて良かったと思える社会をつくる」～いのちを愛おしむ社会へ～」では、「仕事と生活のバランスのとれる働き方」の実現や、「育児の社会化」の促進などを通して、「子どもを育てたい、育ててよかったと思える社会」づくりを掲げています。

（3）次世代を担う子どもたちの育成

　次世代を担う子どもたちが健やかに成長できるような社会をつくることを目的に、2003（平成15）年に少子化社会対策基本法と次世代育成支援対策推進法（2015（平成27）年3月31日までの時限立法）が公布されました。後者は、自治体だけでなく事業主も集中的・計画的に取り組むため、2035（令和17）年3月31日まで有効期間が延長されました。この法律では、事業主は従業員の仕事と子育ての両立を図るための雇用環境の整備や、子育てをしない従業員も含めた多様な労働条件の整備などの一般事業主行動計画を策定し、実行することを定めました。従業員101人以上の企業は、行動計画の策定・届出、公表・周知が義務づけられており、100人以下の企業は努力義務です。また、目標を達成したなど一定の基準を満たした企業は、厚生労働大臣の認定を受けることができます[2]。

　2004（平成16）年には少子化社会対策大綱が閣議決定され、それに基づく重点施策の具体的実施計画として、子ども・子育て応援プランが策定されました。ここでは、「若者の自立とたくましい子どもの育ち」「仕事と家庭の両立支援と働き方の見直し」「生命の大切さ、家庭の役割等についての理解」「子育ての新たな支え合いと連帯」の4つを重点課題とし、これから目指すべき社会の姿を示しました。

　2010（平成22）年には、新たな大綱として「子ども・子育てビジョン」が策定され、子どもが主人公（チルドレン・ファースト）の社会をつくり、「男女共同参画」「仕事と生活の調和（ワーク・ライフ・バランス）」「子ども・若者育成支援」の各施策との連携を図ることが目指されました。さらにこの流れを受けて、2012（平成24）年に子ども・子育て関連3法（子ども・子育て支援法、認定こども園法の一部改正、子ども・子育て支援法及び認定こども園法の一部改正法の施行に伴う関連法律の整備等に関する法律）が成立し、これらに基づく「子ども・子育て支援新制度」が2015（平成27）年から開始しました。地域の実情に応じて認定こども園の普及を図り、新たに地域型保育が創設されました。これにより、従来は個々で行われていた認定こども園、幼稚園、保育所への共通の給付（施設型給付）、小規模保育等への給付（地域型保育給付）を創設し、市町村の確認を受けた施設・事業には財政支援がなされるようになりました。

　2015（平成27）年には新しい少子化社会対策大綱が閣議決定され、多子世帯への環境整備、マタニティハラスメント[3]防止の取り組み、男性の

---

2 くるみん、プラチナくるみん、トライくるみん

子育てサポート企業として厚生労働大臣に認定されると、くるみんマーク、プラチナくるみんマーク、トライくるみんマークを取得することができます。これにより、高い水準の子育て支援をしている企業であることがアピールできます。

3 マタニティハラスメント

職場における妊娠・出産・育児休業等に関するハラスメントのことをいいます。具体的には、妊娠・出産・育児休業等を取得した人の就業環境が害されるような、職場の上司、同僚からの嫌がらせ等の行為を指します。

表7-1　子育て支援対策のこれまでの取り組み

年	取り組み
1994（平成6）年	エンゼルプラン
	緊急保育対策等5か年事業
1999（平成11）年	少子化対策推進基本方針
	新エンゼルプラン
2001（平成13）年	仕事と子育ての両立支援等の方針（待機児童ゼロ作戦等）
2002（平成14）年	少子化対策プラスワン
2003（平成15）年	少子化社会対策基本法
	次世代育成対策推進法
2004（平成16）年	少子化社会対策大綱
2005（平成17）年	子ども・子育て応援プラン
2006（平成18）年	新しい少子化対策について
2007（平成19）年	「子どもと家族を応援する日本」重点戦略
	「仕事と生活の調和（ワークライフバランス）憲章」及び「仕事と生活の調和推進のための行動指針」
2008（平成20）年	待機児童ゼロ作戦
2010（平成22）年	子ども・子育てビジョン
	子ども・子育て新システム検討会議
	待機児童「先取り」プロジェクト
2012（平成24）年	子ども・子育て新システムの基本制度について
	子ども・子育て支援法等子ども・子育て関連3法
2013（平成25）年	待機児童解消加速化プラン
	少子化危機突破のための緊急対策
2014（平成26）年	放課後子ども総合プラン
2015（平成27）年	少子化社会対策大綱
2016（平成28）年	子ども・子育て支援法改正
	ニッポン一億総活躍プラン
2017（平成29）年	子育て安心プラン
2018（平成30）年	子ども・子育て支援法改正
2019（令和元）年	子ども・子育て支援法改正
2020（令和2）年	少子化社会対策大綱
	新子育て安心プラン
2022（令和4）年	こども基本法
2023（令和5）年	こども家庭庁開局
	「幼児期までのこどもの育ちに係る基本的なビジョン（はじめの100か月の育ちビジョン）」

出典：内閣府編『令和4年版 少子化社会対策白書』pp.48〜49、2022年を一部改変

Chapter 7

次世代育成支援と地域との連携・協働

意識・行動改革の促進などが位置づけられました。

2017（平成29）年には子育て安心プラン策定により、保育所へ入れない待機児童解消に必要な受け皿を拡大し、2020（令和2）年からは新子育て安心プランで、保育ニーズに応えるためベビーシッターなどのあらゆる社会資源を活用することが盛り込まれました。

2 子どもを中心とした施策へ

2022（令和4）年6月には、子どもの最善の利益を第一に考えるこども基本法が成立し、翌2023（令和5）年4月に施行されました。本法は、子どもに関する取り組みや政策を社会のまんなかに据える「こどもまんなか社会」を実現するための法律です。

さらに、2023（令和5）年4月に内閣府外局としてのこども家庭庁の創設、同年12月には「幼児期までのこどもの育ちに係る基本的なビジョン（はじめの100か月の育ちビジョン）」が策定され、子どもが笑顔で成長できる社会を、すべての人とともにつくっていくことが目指されています。

一方、いじめや貧困、自殺などの問題は依然としてなくならず、従来の対応では限界があることが強く問題視されていました。そこで、すべての子どもが身体的・精神的・社会的に幸福な生活を送ることができる社会を目指して、こども大綱が2023（令和5）年12月に閣議決定されました。こども大綱は、幅広い子ども関連施策を総合的に推進するため、今後5年程度の基本的な方針や重要事項を定めています。具体的には、子どもの貧困対策や、医療的ケア児およびヤングケアラーへの支援、子どもや若者の自殺対策などが重要事項としてあげられています。

また、こども大綱の前提として、こども施策に関する以下の6つの基本方針が掲げられました。

①こども・若者を権利の主体として認識し、その多様な人格・個性を尊重し、権利を保障し、こども・若者の今とこれからの最善の利益を図る
②こどもや若者、子育て当事者の視点を尊重し、その意見を聴き、対話しながら、ともに進めていく

③こどもや若者、子育て当事者のライフステージに応じて切れ目なく
　対応し、十分に支援する

④良好な成育環境を確保し、貧困と格差の解消を図り、全てのこども・
　若者が幸せな状態で成長できるようにする

⑤若い世代の生活の基盤の安定を図るとともに、多様な価値観・考え
　方を大前提として若い世代の視点に立って結婚、子育てに関する希
　望の形成と実現を阻む隘路（あいろ）の打破に取り組む

⑥施策の総合性を確保するとともに、関係省庁、地方公共団体、民間
　団体等との連携を重視する

　このように、すべての子どもが自分のおかれた環境に左右されず、健や
かに成長できるよう、大人中心の社会から、子どもを中心とした社会へ変
革していくことが目指されています。そのためには、子どもの意見を尊重
し、施策へ積極的に反映することが必要です。それによって子どもは、自
分も社会の一員であるという主体性をもつことができ、自己肯定感や自己
有用感を育むことにもつながります。

Section 2 地域における連携・協働とネットワーク

ねらい

● 子どもと地域のかかわりについて学びましょう。
● 地域におけるさまざまな団体、住民、その他の専門機関とのネットワークについて理解しましょう。

1 子どもと地域のかかわり

　少子化や核家族の増加、情報化社会が進んだ結果、人と人とのつながりが希薄となり、人々の孤独や孤立が深刻化しています。地域に住むほかの子どもや大人たちとかかわる機会が少ない状況が、社会性をはじめ子どもの成長に影響を与えているといわれています。こうしたなか、地域の子育てサークルやボランティア団体、子ども会などの活動を通して、子どもたちの健全な育ちを自分たちでつくり出そうという動きがあります。子どもたちが中心となる地域づくりは、持続可能な社会をつくるうえで、とても重要なことです。

（1）地域をどうとらえるか

　子どもと地域とのかかわりは、子どもの心身の成長、次世代の地域づくりの担い手の育成といった観点からも大切なことです。子どもの頃に地域の行事に参加した思い出はありますか。ラジオ体操、お祭り、子ども会の遊び、スポーツや音楽等のクラブ活動など、子どもの頃のさまざまな経験は、いまのあなたにどのような影響を与えているでしょうか。

　地域のつながりがあると、子どもが危険なことをしていれば、周囲の大人が注意してくれたり助けてくれたりします。防犯の観点からも、顔見知りの大人が地域に増えることで、子どもは安心して遊ぶことができます。

（2）地域活動の実際

　地域には、それぞれ高層マンションが立ち並ぶ大都市や郊外の住宅地、のどかな農山漁村など、さまざまな特性があります。子どもと地域のつながりを深めようとするとき、地域の特性にも十分留意した取り組みを考えることが必要です。特に、自治会・町内会が機能している地域は、地域に根ざした伝統や特色のある活動を行っていることが多くあります。子どもが伝統的地域文化に接することで、それらに親しみをもち、継承し守っていこうとする態度が育ちます。「文化を大切にする社会の構築について」（平成14年4月文化審議会答申）においても、子どもたちの豊かな人間性と多様な個性を育むために、年間を通じて地域の多種多様な文化にふれ、参加、体験できるよう積極的に取り組むことが求められています。例えば、地域に伝わる祭りの踊りや演奏、歌舞伎などの郷土芸能を継承している高齢者から、子どもたちが学ぶなど、世代間交流を通して地域文化を活性化させることも重要でしょう。

（3）地域から保育所に求められること

　保育所保育指針第2章4では、保育所における「家庭及び地域社会との連携」について、「子どもの生活の連続性を踏まえ、家庭及び地域社会と連携して保育が展開されるよう配慮すること。その際、家庭や地域の機関及び団体の協力を得て、地域の自然、高齢者や異年齢の子ども等を含む人材、行事、施設等の地域の資源を積極的に活用し、豊かな生活体験をはじめ保育内容の充実が図られるよう配慮すること」としています。

　保育所が地域の社会資源から協力を得るには、日常的に地域の人と良好な関係づくりをすることが求められます。地域から保育所の役割が理解され、子どもたちを温かく見守ってもらえることが前提となります。

　また、児童福祉法第48条の4に規定されているとおり、保育所には、地域の保護者等に対して、保育所保育の専門性を生かした子育て支援を積極的に行うよう努めることが求められています。保育所を利用する子どもや保護者だけではなく、その地域に住む利用者でない子どもやその保護者に対しても、子育て支援を行うことが期待されています。

2 保護や支援を必要とする子どもを守る 連携・協働とネットワーク

　地域の子どもたちのなかには、虐待やドメスティック・バイオレンスなど不適切な環境にあって保護が必要な子ども、心身の障害のため特別なニーズをもっている子ども、外国籍の子どもなどがいます。そのような子どもや家庭を支援するために、地域においてさまざまな連携や協働、ネットワークが必要です。

（1）虐待等から子どもを守るネットワーク

　子ども虐待は保護者の孤立、貧困、社会環境の変化など、さまざまな要因が絡み合っているため、1つの機関だけでは対応できません。そのような状況にある子どもは、地域においていち早く発見されなければなりません。そこで、児童相談所や保育所、幼稚園、学校、警察など各関係機関が連携し、迅速に支援を開始するために、2000（平成12）年に児童虐待防止市町村ネットワーク事業が創設されました。さらに2004（平成16）年の児童福祉法改正により、この事業は要保護児童対策地域協議会として法定化されました。児童福祉法第25条の2で、地方自治体はその設置に努めることが定められています。

　要保護児童対策協議会は、虐待等で保護の必要な子ども（要保護児童）、養育を支援する必要のある子ども（要支援児童）と保護者、出産前から支援の必要な妊婦（特定妊婦）を対象に、「子どもを守る地域ネットワーク」として機能しています（表7-2）。

　表7-2　要保護児童対策地域協議会の構成員

児童福祉関係	保健医療関係	教育・警察・その他
市町村の児童福祉、母子保健等担当部局	保健所	教育委員会
児童相談所・福祉事務所	医療機関	幼稚園、学校
保育所・児童福祉施設	カウンセラー　等	警察署
民生委員、児童委員		弁護士
社会福祉協議会　等		NPO、ボランティア　等

出典：「要保護児童対策地域協議会設置・運営指針」（平成17年2月25日雇児発第0225001号）をもとに筆者作成

（2）障害児を支援するネットワーク

　地域で暮らしている障害児、障害者に聞いた困りごとから地域の課題を発見し、必要な支援体制を整えることを目的として、自立支援協議会が設置されています（障害者総合支援法第89条の3）。ここでは、誰もが住み慣れた地域で暮らし続けていくために、どう地域を変えていくか、障害福祉の関係者以外にも参加してもらい、協働してアイデアを出し合い、実現していきます。

　自立支援協議会を構成するメンバーは、障害福祉サービス事業者、保健所、学校、不動産関係、民生委員、地域住民など、地域の実情に応じてさまざまです。これまでは、民間団体が行政に陳情をして何らかの解決策を要望する場合が多かったのですが、自立支援協議会では、どのような立場の人とも対等に話し合い、協働するところに特徴があります。具体的には、障害児が生活のなかで困っている事例がある場合、それにどう対応するか、地域の関係機関が集まって話し合い、地域の課題を抽出し、支援に向けたネットワークの構築を進めていきます（図7-2）。

　しかし近年、自立支援協議会が地域で十分機能せず形骸化しているとの課題がありました。本来の目的に沿った役割が果たせるよう、障害者総合支援法が改正され、2024（令和6）年4月に施行されました。この法改正により、関係機関などに情報共有や意見の表明を求めることができるようになりました。障害児、障害者がより住みやすい地域をつくれるよう、今後の取り組みが期待されています。

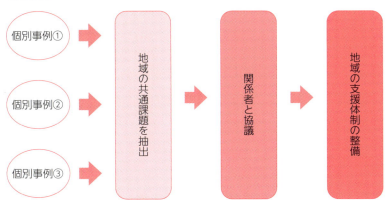

図7-2　自立支援協議会の役割

出典：「自立支援協議会設置運営要綱」（平成24年3月30日障発0330第25号）をもとに筆者作成

（3）外国籍の子どもたちを支援するネットワーク

　近年、在留外国人の増加に伴い、外国籍の子どもたちが増えています。保育所等においても、外国籍の子どもの受け入れが増加しています。しかし、在留外国人の子どもたちのなかには、保育所や幼稚園、学校に通っておらず、所在すらわかっていない子どももいます。文部科学省が2023（令和5）年4月22日に公表した調査結果からは、学校等に通っていない外国籍の子どもの数は、2022（令和4）年5月時点で計8183人であることが明らかになりました。保護者の経済的な事情や申し込み方法がわからないといった理由で、保育所や幼稚園へ通えない子どもたちもいるということが考えられます。

　日本語が話せず、それが原因で親に十分な収入がなく貧困状況にある家庭は特に地域で孤立しがちです。困っていても声をあげることが難しく、地域の住民や公的機関から見えない存在になっています。一部の保育園、幼稚園、学校などで、保護者の母語や母国文化を取り入れた活動が行われていますが、それはあくまでも個々で実践されているものです。外国籍の子どもが、安心して成長できるような環境づくりについて、関係者で情報が共有されたり、連携・協働体制がとれるようなネットワークづくりは未だ不十分です。

　外国籍の子どもたちが日本国籍の子どもたちと等しく地域に包摂され、将来は多文化共生社会の担い手として成長できるよう、支援体制の整備が求められます。すべての子どもたちが、地域で安心して遊び、学び、暮らせるような環境であってほしいと願わずにはいられません。

🕐 Discussion Time

　Chapter 7での学習を振り返り、子どもが健やかに育つためには、自治体、企業、家庭、地域でどのような取り組みが必要か、以下の事例を参考に、具体的な支援を検討してみましょう。

事例

　Dさん（23歳）は夫（22歳）、長女（2歳）、次女（1歳）の4人家族です。長女が生まれるまでフルタイムで働いていましたが、夫の帰宅は

連日 23 時過ぎで、土日も出勤することが多いので、退職し専業主婦になりました。すぐに次女が生まれ、家事に育児にと大変な日々を過ごしていましたが、優秀な D さんの働きぶりを惜しむ声があり、以前の職場からぜひ復帰してほしいと打診がありました。D さん自身もやりがいのある職場だったため、退職せずキャリアアップを目指したいという思いが長らくありました。子どもを保育所へ預け、再び正社員として働きたいと夫に相談すると、家事や育児を今のまま D さんが続けられるのであれば、職場復帰をしてもよいとの返事でした。それは D さんにとって納得のいくものではなく、がっかりした気持ちになりました。

　D さんと夫は、常時雇用する労働者が 101 人以上いる企業に勤めています。次世代育成支援対策推進法に基づき、企業はどのような取り組みができると考えられるでしょうか。また、仕事と子育てを両立するために、どのような子育て支援サービスがあるでしょうか。D さんとその家族にとって、子どもを産み育てやすい環境にするにはどうすればよいか、考えてみましょう。

💡 討論のヒント

　子育ての価値観の違いは、成育歴、勤めている企業の風土、社会制度のあり方などに影響を受けます。さまざまな側面から検討してみましょう。

事後学習

自分の住んでいる自治体に、どのような子育て支援・サービスがあるか調べましょう。また、子どもの成長に地域がどのように影響しているのか、自分の育ちを振り返って考えましょう。

参考文献

- 公益財団法人児童育成協会監修『新基本保育シリーズ③子ども家庭福祉 第2版』中央法規出版、2023年
- 厚生労働省「令和5年（2023）人口動態統計月報年計（概数）の概況 結果の概要」2024年
- こども家庭庁「こども大綱」2023年
- 少子化社会を考える懇談会「「子どもを育てたい、育ててよかったと思える社会をつくる」～いのちを愛おしむ社会へ～（中間とりまとめ）」2002年
- 「自立支援協議会設置運営要綱」（平成24年3月30日障発0330第25号）
- 内閣府編『令和4年版 少子化社会対策白書』2022年
- 「要保護児童対策地域協議会設置・運営指針」（平成17年2月25日雇児発第0225001号）
- 吉田眞理『児童の福祉を支える子ども家庭福祉 第2版』萌文書林、2023年

Chapter 8

子ども虐待と
ドメスティック・
バイオレンス

児童憲章

✝ すべての児童は、虐待、酷使、放任その他不当な取扱からまもられる。
あやまちをおかした児童は、適切に保護指導される。

　児童虐待防止法では、子どもの福祉に直接かかわる仕事に従事している者は、その立場を自覚して子ども虐待の早期発見に努めなければならないとされています（第5条）。つまり、保育者は、通園児に限らず、虐待が疑われる子どもやその保護者を支援することが求められているのです。

　Chapter 8では、児童憲章第10条に示されている「虐待・酷使・放任その他不当な取扱」から、保育者として子どもをどのように守っていくのか考えるため、子ども虐待にはどのようなものがあるのかを理解し、統計資料から子ども虐待の現状を学びます。そして、保育者に求められる虐待への対応と予防について理解します。また、児童虐待防止法には、ドメスティック・バイオレンスに関する記述があります。父母の間で行われる暴力は、子どものこころを傷つける虐待にあたるため、子どもの家庭におけるドメスティック・バイオレンスについても学びます。

事前学習

子どもの安全は、どのような専門機関の連携によって守られているでしょうか。
子どものまわりにある専門機関を調べてみましょう。

Section 1 子ども虐待の早期発見と予防

ねらい

- 子ども虐待の定義について理解しましょう。
- 子ども虐待の現状について把握しましょう。
- 子ども虐待の早期発見と予防について学びましょう。

1 子ども虐待とは何か

（1）子ども虐待の概要

　子ども虐待に関して、児童虐待の防止等に関する法律（児童虐待防止法）第1条には「児童虐待が児童の人権を著しく侵害し、その心身の成長及び人格の形成に重大な影響を与えるとともに、我が国における将来の世代の育成にも懸念を及ぼす」と記されており、このことから、子ども虐待は子どもの人権を侵害し心身の発達に大きな影響を与える行為だとわかります。また、第2条において、「この法律において、「児童虐待」とは、保護者（略）がその監護する児童（18歳に満たない者をいう。以下同じ。）について行う次に掲げる行為をいう」と定義されています。

　子ども虐待に該当する行為としては、①児童の身体に外傷が生じ、又は生じるおそれのある暴行を加えること、②児童にわいせつな行為をすること又は児童をしてわいせつな行為をさせること、③児童の心身の正常な発達を妨げるような著しい減食又は長時間の放置、保護者以外の同居人による（虐待）行為と同様の行為の放置その他の保護者としての監護を著しく怠ること、④児童に対する著しい暴言又は著しく拒絶的な対応、児童が同

104　Section 1　子ども虐待の早期発見と予防

居する家庭における配偶者に対する暴力その他の児童に著しい心理的外傷を与える言動を行うことの4つが示されています。

児童虐待防止法における「保護者」および「監護する」の解釈は、基本的に児童福祉法第6条における「保護者」および「監護する」と同様です[*1]。すなわち「保護者」とは、親権を行う者、未成年後見人その他の者で、子どもを現に監護、保護している場合の者です。つまり、保護者とは実父母に限らないということです。ですから、子どもの親と内縁関係にある者も、子どもを現に監督、保護している場合には保護者に該当します。「現に監護する」とは、必ずしも、子どもと同居して監督、保護しなくともよいが、少なくともその子どもの所在、動静を知り、客観的にその監護の状態が継続していると認められ、また、保護者であるべき者が監護を行う意思があると認められるものでなければなりません。

近年、重大で痛ましい虐待事件があとを絶たず、特に保護者の交際相手による加害や、加害を放置するネグレクト等が指摘されています。これらを受けて、厚生労働省は、たとえ交際相手であっても、児童の養育に一定の関与があり、①ほとんど同居といえる実態がある、②週に数日間や、日中のみ・夜間のみなど定期的に児童のいる家庭に滞在している、③週に数日間や、日中のみ・夜間のみなど定期的に児童を預かっている、のいずれかに該当する場合は、保護者にあたる旨を示しました[*2]。

（2）子ども虐待の行為類型とその具体例

児童虐待防止法第2条に示された4つの行為類型について、子ども虐待に該当する事例を交えて紹介します[*3]。

①身体的虐待

身体的虐待における外傷には、打撲傷、あざ（内出血）、骨折、頭蓋内出血などの頭部外傷、内臓損傷、刺傷、たばこなどによる火傷などが該当します。また、生命に危険のある暴行とは、首を絞める、殴る、蹴る、投げ落とす、激しく揺さぶる、熱湯をかける、布団蒸しにする、溺れさせる、

[*1] こども家庭庁支援局虐待防止対策課「子ども虐待対応の手引き（令和6年4月改正版）」p.4、2024年

[*2] 「児童虐待対応における保護者の交際相手等への調査及び指導等の徹底について」（令和4年子家発0418第1号）

[*3] こども家庭庁支援局虐待防止対策課「子ども虐待対応の手引き（令和6年4月改正版）」pp.2～3、2024年

逆さ吊りにする、異物を飲ませる、食事を与えない、冬の戸外に締め出す、縄などにより一室に閉じ込めるなどです。そして、意図的に子どもを病気にさせる行為も含まれています。

②性的虐待

　性的虐待とは、子どもに対して性器を触るまたは触らせるなどの性的暴行、性的行為の強要・教唆などがあげられます。ポルノグラフィーの被写体などに子どもを強要することも該当します。

③ネグレクト

　ネグレクトとは、保護者が子どもの健康・安全への配慮を怠り、食事、衣服、住居などが極端に不適切で、健康状態を損なっている状態を指します。例えば、家に閉じこめる（子どもの意思に反して学校等に登校させない）、病気になっても病院に連れて行かない、子どもにとって必要な情緒的欲求に応えていない（愛情遮断など）などがあげられます。また、親がパチンコに熱中している間、乳幼児を駐車場の自動車内に放置し、熱中症で子どもが死亡したり、誘拐されたり、乳幼児だけを家に残して火災で子どもが焼死したりする事件も、ネグレクトの結果であることに留意すべきです。

④心理的虐待

　子どものこころや自尊心を傷つけるような言動を繰り返す、子どもを無視する、拒否的な態度をとる、などがあげられます。子どもの面前で配偶者やその他の家族などに対し暴力をふるうことは、子どもの心を傷つけるため、これも心理的虐待にあたります。また、きょうだいとは著しく接し方を変え、差別するなど、子どもの存在自体を否定するような心的外傷（トラウマ）を与えかねない言動すべてを指します。

　子ども虐待は、法律と同じようにはっきりと4つに分けられるものではありません。身体的虐待があった場合、同時に性的虐待が行われているケースもあります。また、身体的虐待、性的虐待、ネグレクトは子どもの心に生涯にわたる傷を残すという面では心理的虐待であるともいえます。

（3）統計からみた子ども虐待の現状

①児童相談所における子ども虐待相談対応件数とその推移

　図8-1は、児童相談所が対応している子ども虐待に関する相談件数について、1990（平成2）年から2022（令和4）年までの推移を示しています。

児童虐待防止法が施行された2000（平成12）年以降も相談件数は毎年増え続け、2022（令和4）年の相談対応件数は21万9170件となっています。この件数は相談対応の件数であり、実際に虐待が行われている数ではないことに注意が必要ですが、社会的関心の高まりによって虐待の相談・通報が増えていることがわかります。

②子ども虐待の相談種別件数の年次推移

子ども虐待の類型については、2021（令和3）年度の件数をみると、心理的虐待が最も多く、次いで身体的虐待、ネグレクト、性的虐待となっています。2004（平成16）年の児童虐待防止法改正において、ドメスティック・バイオレンスを目撃すること（面前DV）は子どもにとって心理的虐待にあたるとされ、これを機に警察などからの相談や通告が増えたことも要因と考えられます（図8-2）。

図8-1　児童相談所における虐待相談対応件数とその推移

出典：こども家庭庁「令和4年度 児童相談所における児童虐待相談対応件数（速報値）」p.1、2023年をもとに筆者作成

図8-2　子ども虐待の相談種別件数の年次推移

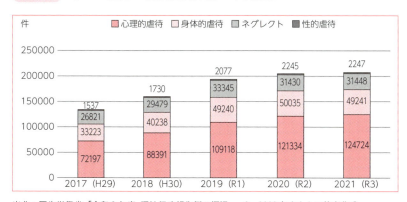

出典：厚生労働省「令和3年度 福祉行政報告例の概況」p.8、2023年をもとに筆者作成

③子ども虐待相談における主な虐待者構成割合の年次推移

　虐待者は実母が多く、次いで実父、実父以外の父親と報告されています。また、虐待加害者の約90％が実親です（図8-3）。この事実を保育者としてしっかり理解しておくことが子ども虐待の早期発見や対応のために大切です。

図8-3　子ども虐待相談における主な虐待者別構成割合の年次推移

出典：厚生労働省「令和3年度　福祉行政報告例の概況」p.8、2023年をもとに筆者作成

2　早期発見と予防への対応

（1）保育者として知っておきたい子ども虐待への対応知識

①身体的虐待への対応知識

　子ども虐待による死因となった主な虐待の類型は、身体的虐待（42.0％）、ネグレクト（28.0％）であり、身体的虐待による死亡が約半数を占めています。さらに、死亡時点の子どもの年齢は、0歳児（48.0％）が最も多く、次いで1歳児（12.0％）、3歳児（12.0％）と続きます[*4]。身体的虐待により発生する乳幼児揺さぶられ症候群では、激しく揺さぶられることによって脳内が傷つき、重度の障害や命の危険につながることもあります。乳児は泣くのが当たり前、泣くのが仕事といわれ、何をしても泣き止まないことはたくさんあります。大事なことは、保護者がそれは正常な状態であると知っていること、そして保育者が乳児の泣きの特徴を知っていることです。

　また、保育のなかで、衣服の着脱や排泄の介助は、身体の傷を目視できる数少ない場面で、虐待に気づく一つの機会となります。その際、不慮の

---

*4　こども家庭審議会児童虐待防止対策部会児童虐待等要保護事例の検証に関する専門委員会「こども虐待による死亡事例等の検証結果等について（第19次報告）」p.111、2023年

事故と虐待による外傷とを見分けるポイントは、外傷の部位です。基本的には、不慮の事故による外傷は骨ばっているところ、例えば、額・鼻・顎・肘・膝など、皮膚の直下に骨があって脂肪組織が少ない場所に生じやすく、虐待による外傷は臀部や大腿内側などの脂肪組織が豊富で柔らかいところ、頸部や腋窩[1]などの引っ込んでいるところ、外陰部などの隠れているところに起こりやすいです（図8-4）。また、病院での診療では、今骨折した部位とは別に、治癒過程の骨折痕を発見することがあります。乳児の骨折または骨折痕は特に虐待が疑われます。これは、乳児の骨は柔らかいため、よほどのことがない限り折れることはないからです。外傷を見て虐待を疑ったときには、すでに行政の介入レベルであると考えられます。

②性的虐待への対応知識

子ども虐待の定義に示されている「わいせつな行為」は、他人が加害者であるようなイメージ挿絵がよくみられます（図8-5、図8-6）。

1 腋窩

えきかと読みます。脇の下の意味です。

図8-4　不慮の事故と身体的虐待による外傷部位の相違

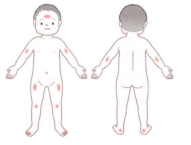
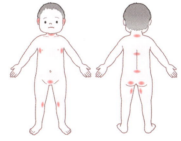

〈事故でけがをしやすい部位〉　〈虐待によるけがが多い部位〉

出典：文部科学省「学校・教育委員会等向け虐待対応の手引き（令和2年6月改訂版）」p.11、2020年より作成

図8-5

出典：沖縄県警察「児童虐待を防止しよう〜児童の健やかな成長のために〜」より作成

図8-6

出典：山梨県警察「児童虐待とはこんなこと」より作成

しかし、実際の性的虐待の加害者は他人ではなく実父であるケースが少なくありません。性的虐待の被害児童の男女別年齢をみると、男児の被害事例が42件、女児の被害事例が657件報告されています。年齢別にみると、男児の被害事例は6歳から9歳ごろをピークとして、未就学児童から15歳以上の被害児童が報告されています。一方、女児については、0歳から18歳まで被害例が報告され、そのピークはおよそ14歳ごろとなっています（図8-7）。そのため、子ども本人の開示だけでなく、保育者の鋭敏な眼差しによって被害の発見・発覚に至った事例が一角を占めています（図8-8）。子どもからのサインを見落とさず、的確に一次対応を講じるために必要な知識を獲得することで、より多くの被害が早期に発見されるものと考えられます。

③ネグレクトへの対応知識[2]

保育者として、子どもの成長が正常範囲であるかどうかを基準にネグレクトの可能性を発見することもできます。そのためには、乳幼児の発育曲線（図8-9、図8-10）を理解しておくことが重要です。この発育曲線の範囲を大きく外れることは、子どもの発育にとって大変重大な影響があるといえます。

④心理的虐待への対応知識

子どもは、心理的虐待を受けていることに気づかない場合が多くあります。しかし、心理的虐待は、子どもの自尊心を傷つけ、自己肯定感の低下の要因となります。そして、子どもが自分自身を責めてしまうこともあります。虐待は家庭内で起きていることが多く、発見することが難しいという問題があります。そのため、虐待対応の流れを理解しておくことが大切です。

（2）児童虐待防止法からみた保育者の役割

①子ども虐待の早期発見（第5条第1項）

「学校、児童福祉施設、病院、都道府県警察、女性相談支援センター、教育委員会、配偶者暴力相談支援センターその他児童の福祉に業務上関係のある団体及び学校の教職員、児童福祉施設の職員、医師、歯科医師、保健師、助産師、看護師、弁護士、警察官、女性相談支援員その他児童の福祉に職務上関係のある者は、児童虐待を発見しやすい立場にあることを自覚し、児童虐待の早期発見に努めなければならない。」

---

[2] ネグレクトへの対応知識

近年、乳幼児を車内に放置して死亡する事件が頻発したことを受けて、警察および関連協会による啓発ポスターや注意喚起グッズを活用した啓発活動が行われています。社会全体で意識して予防していくことが大切です。

写真8-1

出典：千葉県警察本部「STOP！オキザリするな―」

写真8-2

出典：全日本遊技事業協同組合連合会「やめて！子供の車内放置」

図8-7 性的虐待被害児童の被害発覚時年齢(男女比較)

(注) 性別と年齢別での該当率と該当件数を算出、組み入れ基準を満たした総被害件数704件のうち被害男児42名、被害女児657名の報告事例を集計
出典：国立研究開発法人産業技術総合研究所「令和2年度子ども・子育て支援推進調査研究事業 課題番号17（一次公募）潜在化していた性的虐待の把握および実態に関する調査 調査報告書サマリー」p.12、2020年をもとに筆者作成

図8-8 性的虐待被害発覚の経緯

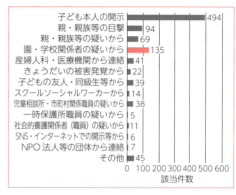

出典：国立研究開発法人産業技術総合研究所「令和2年度子ども・子育て支援推進調査研究事業 課題番号17（一次公募）潜在化していた性的虐待の把握および実態に関する調査 調査報告書サマリー」p.13、2020年をもとに筆者作成

図8-9 乳幼児（男子）身体発育曲線（体重）

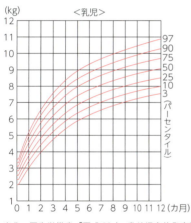
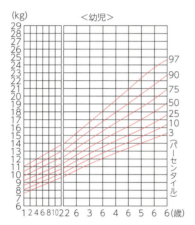

出典：厚生労働省「平成22年 乳幼児身体発育調査報告書」p.13、2011年

図8-10 乳幼児（女子）身体発育曲線（体重）

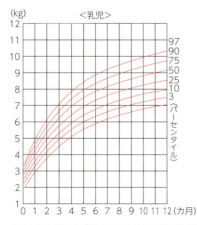
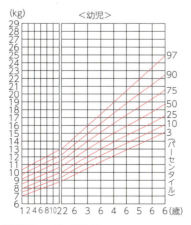

出典：厚生労働省「平成22年 乳幼児身体発育調査報告書」p.13、2011年

子どもの福祉に職務上関係のある団体と個人は、子ども虐待を発見しやすい立場にあります。これらの関係者および専門職において、早期発見に大事なことは、子ども虐待に関する知識をもつことです。

②虐待を受けたと思われる子どもについての市町村や児童相談所等への通告（第6条第1項）

　「児童虐待を受けたと思われる児童を発見した者は、速やかに、これを市町村、都道府県の設置する福祉事務所若しくは児童相談所又は児童委員を介して市町村、都道府県の設置する福祉事務所若しくは児童相談所に通告しなければならない。」

　上記の通告はすべての国民の義務です。しかしながら、近年重大な子ども虐待に関して、「うわさでは知っていた」「そうかもしれないと感じていた」というように、周りの地域住民には知られていたのに通告がされなかった、ということが少なくありません。しかし、虐待が疑われる子どもを見つけた場合、対象家族に注意をすることが義務ではありません。地域の児童相談所などの専門機関へ通告をすることが義務なのです。

③子どもの保護・支援等に関する関係機関への協力（第5条第2項）

　「前項に規定する者は、児童虐待の予防その他の児童虐待の防止並びに児童虐待を受けた児童の保護及び自立の支援に関する国及び地方公共団体の施策に協力するよう努めなければならない。」

　多くの場合、子どもへの精神的負担を考慮し、保育所や学校で保護することがあるため、その際、保育所や学校に協力に努めてほしいということを示しています。

④虐待に係る子ども・保護者に関する資料の提供（第13条の4）

　「児童の医療、福祉又は教育に関係する機関（地方公共団体の機関を除く。）並びに医師、歯科医師、保健師、助産師、看護師、児童福祉施設の職員、学校の教職員その他児童の医療、福祉又は教育に関連する職務に従事する者は、市町村長、都道府県の設置する福祉事務所の長又は児童相談所長から（中略）児童虐待の防止等に係る当該児童、その保護者その他の関係者に関する資料又は情報の提供を求められたときは、（中略）児童虐待の防止等に関する事務又は業務の遂行に必要な限度で利用し、かつ、利用することに相当の理由があるときは、これを提供することができる。」

　保育所等から提供された資料や情報は、今までの虐待に関する経過を確認するために活用します。保育者には児童福祉法における守秘義務[3]があ

---

3 守秘義務

「保育士は、正当な理由がなく、その業務に関して知り得た人の秘密を漏らしてはならない。保育士でなくなった後においても、同様とする」（児童福祉法第18条の22）

「私たちは、一人ひとりのプライバシーを保護するため、保育を通して知り得た個人の情報や秘密を守ります」（全国保育士会倫理綱領」4. プライバシーの保護）

ります。しかしながら、相当の理由がある場合は、資料や情報を提供することができます。

⑤虐待防止のための子どもへの教育、保護者への啓発（第5条第5項）

「学校及び児童福祉施設は、児童及び保護者に対して、児童虐待の防止のための教育又は啓発に努めなければならない。」

日本では、現状、子ども虐待の防止に関する教育や啓発は積極的には進められていません。実際に、子ども自身が虐待されていることに気がつかない場合や、虐待されていることすらわかっていない子どもが少なくありません。子どもが成長し大人になってから子ども虐待や子どもの人権のことを学び、はじめて自分が受けたことが虐待であり人権侵害であることに気づくこともあります。そのため、子どもたちへの教育活動だけではなく、保育者として保護者への啓発も大切です。

Section 2 ドメスティック・バイオレンスの防止

ねらい

● ドメスティック・バイオレンスの概要と定義について理解しましょう。
● 子ども虐待とドメスティック・バイオレンスとの関係性について学びましょう。

1 ドメスティック・バイオレンスとは何か

（1）ドメスティック・バイオレンスの概要

　ドメスティック・バイオレンス（Domestic Violence：DV）とは、一般的に配偶者や恋人などの親密な関係にある者からふるわれる暴力のことを指します。2001（平成13）年に制定された配偶者からの暴力の防止及び被害者の保護等に関する法律（DV防止法）の第1条第3項には「この法律にいう「配偶者」には、婚姻の届出をしていないが事実上婚姻関係と同様の事情にある者を含み、「離婚」には、婚姻の届出をしていないが事実上婚姻関係と同様の事情にあった者が、事実上離婚したと同様の事情に入ることを含むものとする」と規定され、法の適用は、婚姻関係および事実婚関係にある者と過去にあった者が対象とされています。さらに、2013（平成25）年の改正では、同居する交際相手からの暴力およびその被害者に対象が拡大しました。この第3次改正が行われて以降、同居する配偶者、同居する交際相手からの暴力による、痛ましい事件があとを絶たない社会情勢があり、法の規制により、被害を防止することが強く求められていました。2023（令和5）年の改正内容は、接近禁止命令等の申立てをすることができる被害者の範囲の拡大、接近禁止命令等の期間の伸長等の保護命令制度の拡充および保護命令違反の厳罰化の措置を講ずるものとなっています。また、DV防止法の対象となるのは、あくまでも「同居する」配偶者（元配偶者）、交際相手です。同居には至らない「デートDV[4]」は、

> **4 デートDV**
> デートDVとは、ドメスティック・バイオレンスのなかでも恋人同士の間で起こる暴力を指します。これには、殴る、蹴るなどの暴力に加えて、怒鳴る、脅す、交友関係を細かくチェックし行動を制限するなど、相手を自分の思いどおりに支配しようとする行為も含まれます。

DV 防止法のような強力な規制法がありません。しかし現実には、被害が広がっているとの報道があり、残された課題となっています。

（2）DV 防止法における暴力の種類とその具体例

DV 防止法における暴力とは、「身体に対する暴力又はこれに準ずる心身に有害な影響を及ぼす言動」と規定されています（第1条第1項）。具体的には、身体的暴力、精神的暴力、経済的暴力、社会的暴力、性的暴力、子どもを利用した暴力などがあげられます（表8-1）。

表8-1 ドメスティック・バイオレンスにおける暴力の種類と具体例

種類	具体例
身体的暴力	殴る、蹴る、首を絞める、押し倒す、髪を引っ張る
精神的暴力	怒鳴る、脅す、馬鹿にする、物を投げる（壊す）、自殺をほのめかす
経済的暴力	生活費を渡さない、自由にお金を使わせない、外で働くことを嫌がる、借金の強要
社会的暴力	友人や身内との付き合いを制限する、スマートフォンをチェックする、行動を監視する
性的暴力	性的行為を強要する、避妊に協力しない
子どもを利用した暴力	子どもの前で暴力をふるう、子どもの前で馬鹿にする、子どもに悪口を吹き込む

2 ドメスティック・バイオレンスと子ども虐待との関係

（1）ドメスティック・バイオレンスが子どもに与える影響

2004（平成16）年の児童虐待防止法の改正において、子どもの面前でドメスティック・バイオレンスが行われること（面前DV）など、子どもへの被害が間接的なものに関しても子ども虐待に含まれることとなりました。そして、2019（令和元）年には、DV 防止法の一部改正により、配偶者暴力相談支援センター・婦人相談所（現・女性相談支援センター）と児童相談所の連携を定めました。

ドメスティック・バイオレンスが起きている家庭では、子どもに対する暴力も同時に行われている場合があります。子ども自身が直接暴力を受け

ている場合は当然ですが、子どもの見ている前において夫婦間で暴力をふるうこと（面前 DV）も子どもへの心理的虐待にあたります。また、被害を受けている人は、加害者に対する恐怖心などから、加害者の子どもに対する暴力を制止することができない場合があります。ドメスティック・バイオレンスや子ども虐待によって、家族間の信頼関係が崩れていくこともあります。そのため、ドメスティック・バイオレンスと子ども虐待が併存する家庭の場合、保育者として園で接する子どもや保護者の様子、保護者からの話や相談内容などを注意深く観察することで、気づくことができるかもしれません。

（2）支援を必要としている家庭への対応

保育者には、虐待が疑われる場合や気になる親子を発見した場合、どのような対応が求められるのでしょうか。ここでは保育者として子どもを中心におき、児童相談所における子ども虐待通告から子どもへの援助開始までの対応の流れを図8-11 に示しました。さらに児童福祉法では、要保護児童の保護措置への対応が定められており、子ども虐待への対応も基本的にはこの規定に従って行われます。具体的には、要保護児童発見者の通告義務（第25条）、要保護児童対策地域協議会の設置（第25条の2）、要保護児童の状況把握（第25条の6）、立入調査（第29条）、子どもの一時保護（第33条）の規定があります。特に要保護児童対策地域協議会（こどもを守る地域ネットワーク）は、虐待を受けている子どもや支援を必要としている家庭を早期に発見し、適切な保護や支援を図り、適切な連携のもとで対応するため、関係機関により子どもや保護者に関する情報の交換や支援内容の協議を行う場として、法律上の規定があります（第25条の2）。

妊娠・出産・育児期の家庭では、産前産後の心身の不調や妊娠・出産・子育てに関する悩みを抱え、周囲の支えを必要としている場合があります。こうした家庭に適切な支援が届かず、痛ましい子ども虐待に至ってしまうことのないよう、妊娠・出産・子育てに関する相談がしやすい子ども虐待発生予防の体制の整備や、地域の子育て支援サービスの充実が図られています。具体的には、経済的支援をはじめ、乳児家庭全戸訪問事業（こんにちは赤ちゃん事業）、養育支援訪問事業、子育て短期支援事業（ショートステイ・トワイライトステイ）、一時預かりなどのサービス支援を行っています[5]。

図8-11　児童相談所における子ども虐待対応の流れ

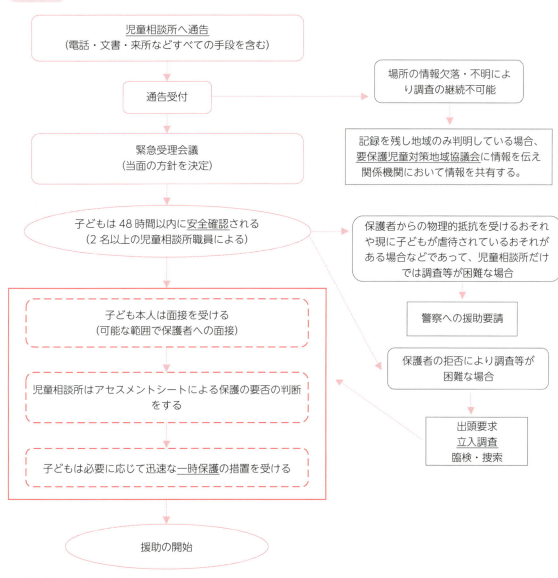

※下線は筆者による対応のポイント
出典：こども家庭庁支援局虐待防止対策課「子ども虐待対応の手引き（令和6年4月改正版）」p.100、2024年をもとに筆者作成

Discussion Time

「図8-1　児童相談所における虐待相談対応件数とその推移」および「図8-2　子ども虐待の相談種別件数の年次推移」（p.107）を見て、グラフから子ども虐待について気づいた特徴を討論しましょう。そして、子ども虐待

＊5　こども家庭庁支援局虐待防止対策課「子ども虐待対応の手引き（令和6年4月改正版）」pp.32〜33、2024年

が減少し、子どもが安心して過ごせる社会に近づくためには、保育者としてどのようなことができるでしょうか。グループでディスカッションしましょう。

💡 討論のヒント

　子ども虐待に至る背景には、家庭環境が影響していることが少なくありません。子どもへの対応と保護者を含む家庭への支援の両面から検討してみましょう。

事後学習

Chapter 8 での学習を振り返り、子ども虐待を予防するためには保育者としてどのような対応が必要なのでしょうか。
虐待の発生理由から考えてみましょう。

参考文献

- 沖縄県警察「児童虐待を防止しよう〜児童の健やかな成長のために〜」
- 厚生労働省「平成 22 年 乳幼児身体発育調査報告書」2011 年
- 厚生労働省「令和 3 年度 福祉行政報告例の概況」2023 年
- 国立研究開発法人産業技術総合研究所「令和 2 年度子ども・子育て支援推進調査研究事業 課題番号 17（一次公募）潜在化していた性的虐待の把握および実態に関する調査 調査報告書サマリー」2020 年
- こども家庭審議会児童虐待防止対策部会 児童虐待等要保護事例の検証に関する専門委員会「こども虐待による死亡事例等の検証結果等について（第 19 次報告）」2023 年
- こども家庭庁「令和 4 年度 児童相談所における児童虐待相談対応件数（速報値）」2023 年
- こども家庭庁支援局虐待防止対策課「子ども虐待対応の手引き（令和 6 年 4 月改正版）」2024 年
- 「児童虐待対応における保護者の交際相手等への調査及び指導等の徹底について」（令和 4 年子家発 0418 第 1 号）
- 全日本遊技事業協同組合連合会「やめて！子供の車内放置」
- 千葉県警察本部「STOP！オキザリスるなー」
- 福祉・保育小六法編集委員会編『福祉・保育小六法 2023 年版』株式会社みらい、2023 年
- 文部科学省「学校・教育委員会等向け虐待対応の手引き（令和 2 年 6 月改訂版）」2020 年
- 山梨県警察「児童虐待とはこんなこと」

Chapter 9

少年非行

児童憲章

十 すべての児童は、虐待、酷使、放任その他不当な取扱からまもられる。
あやまちをおかした児童は、適切に保護指導される。

　少年非行と聞くと、万引きや深夜徘徊が連想されることが多いと思います。しかし、近年は少年たちによる違法薬物の使用や SNS などを通じた詐欺・強盗などへの加担も後を絶ちません。

　大人の場合、罪を犯した場合は処罰され、場合によっては刑務所などに収容されて罪を償わなくてはなりません。一方で、少年の場合は罰を与えることよりも、犯した罪に向き合い、心から反省して立ち直り、将来自立した生活を送るように指導することに重点がおかれます。

　児童憲章第 10 条に示されている「あやまちをおかした児童」とは、何らかの「非行」の事実があったことを指します。Chapter 9 では、少年非行について学び、「あやまちをおかした児童」に対する保護や指導、自立支援のしくみについて理解を深めます。

事前学習

「非行」とはどのような行為を指すのか調べましょう。
そのうえで、非行が子どもの将来にどのような影響をもたらすのかを検討しましょう。

Section 1 少年非行の現状

ねらい

● 少年非行とは何か学びましょう。
● 少年非行の現状を把握しましょう。
● 児童[1]の年齢や行為による処遇の違いを理解しましょう。

1 児童

通常「児童」とは18歳未満を指し、児童福祉の対象は18歳までですが、Chapter9で扱う「少年」は「少年法」の規定により20歳未満を指します。

1 少年非行とは何か

（1）少年非行と不良行為

　最初に、少年非行とは何かについて、「不良行為」と併せて説明します。「少年」とは、少年法第2条で「20歳に満たない者」とされています。以下、20歳未満の少年について解説することを原則としています。また、少年に男女の区分はありません。一般的に、不良少年とも称される非行少年は、少年法第3条第1項によって以下の3つに規定されます。

①犯罪少年
　　14歳以上20歳未満で罪を犯した少年
②触法少年
　　14歳未満で刑罰法令に触れる行為をした少年
③ぐ犯[2]少年
　　一定の事由があって、その性格又は環境に照らして、将来、罪を犯し、又は刑罰法令に触れる行為をするおそれのある少年

2 ぐ犯

ぐ犯は漢字で「虞犯」と書き、「虞」は「おそれ」という意味ですが、警察庁はじめ行政上の表記はひらがなであることから、ここでは「ぐ犯」と表記します。

ただし、18 歳と 19 歳の少年は「特定少年」に分類されることから、ぐ犯少年に限ってこの定義からは除かれます。

　まず、①犯罪少年と②触法少年の違いを説明します。①の犯罪少年は、年齢が 14 歳以上で「罪を犯した」少年です。日本の刑法では「14 歳に満たない者の行為は、罰しない」と定められており（第 41 条）、14 歳未満の場合は犯罪が成立しません。14 歳以上の場合は犯罪が成立し、犯罪少年として少年審判などによる一定の処遇を受けることになります。

　一方で、②の触法少年では「法に触れる行為」、つまり刑法などで禁じられている犯罪行為をしたとしても、刑事責任能力がないと判断されて犯罪が成立しません。したがって、①と②の違いは、同じ法に触れる行為でも、14 歳以上か、14 歳未満かによって、その取り扱いに違いが生じるということです。

　以上を整理すると、例えば、いわゆる「万引き」は窃盗罪に問われる犯罪行為ですが、14 歳以上であれば「罪を犯した少年」として①犯罪少年に、14 歳未満であれば、刑法の規定によって「刑罰法令に触れる行為をした少年」として②触法少年になります。

　こうして、犯罪少年には司法による審判が行われ、少年法の規定による手続きが優先されます。他方、触法少年の場合は、その子どもが育つ環境の調整や、社会的養護施設（主に児童自立支援施設）での個別的なかかわりによる、「育て直し」がなされ、将来の自立をめざす福祉的な支援が施されることになります。

　次に③のぐ犯少年ですが、「ぐ犯」とは一体どのような意味でしょうか。少年法では以下の行為があった場合に、将来罪を犯すおそれのある少年として、罪を犯した場合には「非行」として保護の対象にします（第 3 条第 1 項第 3 号）。

　イ　保護者の正当な監督に服しない性癖のあること。
　ロ　正当の理由がなく家庭に寄り附かないこと。
　ハ　犯罪性のある人若しくは不道徳な人と交際し、又はいかがわしい
　　　場所に出入すること。
　ニ　自己又は他人の徳性を害する行為をする性癖のあること。

これらは、主に「不良行為」に該当します。ぐ犯少年の保護は、直ちに

Chapter 9
少年非行

刑罰法令に触れることはないにしても、そのままの生活を続けることによって、子どもが罪を犯したり、犯罪に巻き込まれたりすることを未然に防ごうとするものです。成人の場合は、罪を犯さなければ罪に問われることはありません。しかし、少年の場合は実際に罪を犯さなくても、子どもの将来を考え、犯罪に至る手前で保護の対象にすることができるのです。

「イ　保護者の正当な監督に服しない」あるいは「ロ　正当の理由がなく家庭に寄り附かない」には、家出や深夜徘徊が該当すると考えられます。子どもが深夜、特に目的もなく繁華街などを徘徊すると、犯罪に巻き込まれる危険性が高まります。ですから、子どもは特に目的がない場合には、夜には自宅などに帰って適切な時間に就寝することが基本的な生活習慣として求められます。深夜の徘徊はさまざまな誘惑、例えば喫煙や飲酒、薬物や窃盗などに手を染める機会となることも否定できません。各自治体では青少年健全育成条例[3]などによって、子どもが深夜に目的なく外出することに制限を設けています。

（2）非行少年に必要な支援

このように、非行少年とは狭義では犯罪少年、触法少年、ぐ犯少年を指し、広義では補導を受けるケースも含まれます。イ、ロでは「正当な」という言葉がついていることに注目しましょう。家出や深夜徘徊は子どもの健全な発達にとってよいことではありません。しかし、子どもに家に帰りたくない、あるいは家に帰ることができない事情がある場合はどうでしょうか。例えば、保護者や同居人から日常的に暴力を受けている、暴言を浴びている、あるいは保護者同士のけんかや暴力が絶えないといった場合はどうでしょうか。

こうした非行少年に対する支援では、子どもが「悪いことをしている」のを単に責めるのではなく、犯罪行為や不良行為、あるいはそれらに類する行為に至る背景についても、十分に気を配ることが求められます。

2　非行の現状

（1）犯罪少年の現状

先に述べたように、非行や不良行為などは子どもの将来ばかりでなく、

---

3 青少年健全育成条例

青少年の健全育成のための条例は各都道府県で定められています。そのため「深夜徘徊」の「深夜」の定義も都道府県によって異なります。例えば、東京都は午後11時から翌朝4時まで、愛知県は午後11時から翌朝6時までとなっています。

その家族や友人、あるいは被害者の生き方にも大きな影響を与えるため、未然に防がなければなりません。

　内閣府『子供・若者白書』や警察庁「少年の補導及び保護の状況」を参考に、少年非行の現状についてみてみましょう（表9-1）。まず14歳以上で刑罰法令に触れる罪を犯した「犯罪少年」のうち、刑法犯として警察に検挙された数は2022（令和4）年では1万4887件でした。これは、10年前の4分の1程度ですが、これまで顕著な減少傾向にあり、2021（令和3）年には1万4818件だったことを踏まえると、増加に転じていることになります。特に14歳、15歳の増加が目立ち、それぞれ1割ほど増えています。

　近年は「特殊詐欺[4]」にかかわる検挙が増えており、「出し子」「受け子」と呼ばれる大人の犯罪に利用されてしまうケースが多く報告されています。これは、主にSNSなどで、仕事の内容を明らかにせず、高額な報酬のみを提示して犯罪実行者を募る、いわゆる「闇バイト」に該当するケースがほとんどです。凶悪犯や窃盗などが減る一方で、本人に罪を犯しているという意識が乏しいことに加え、目先の金銭のために少年本人も気づかぬうちに検挙されてしまうケースが増えているのは、子どものその後の人生にとって大きな困難をもたらします。その背景には情報リテラシー[5]の欠如や貧困問題などが考えられ、子ども本人や家族の問題に加え、社会全体で強い危機意識をもつ必要があります。

（2）触法少年の現状

　次に、触法少年の現状についてです。触法少年は、犯罪行為を犯した子どものうち、14歳に満たない子どものことで、検挙はされません。そのため、補導された件数を参考にしています。2022（令和4）年に刑法犯として補導された子どもは6025人です。これは10年前の約半分程度の件数ですが、少子化により子どもの数も減っていますから、割合としてはわずかに減っている程度ととらえるべきでしょう。また、2020（令和2）年までは減少していたものの、その後増加に転じています。年齢別にみると、中学生の増加が顕著であることに加え、小学生もほぼすべての学年で増加しており、触法行為の低年齢化が懸念されます。

　触法行為の態様は全体の半数以上が窃盗犯であり、万引きや自転車盗、占有離脱物横領（所有者がわからない物を持ち去る行為）などの「初発型非行」といわれる行為が大半を占めています。

---

4 特殊詐欺

警察庁によると「特殊詐欺」とは、「被害者に電話をかけるなどして対面することなく信頼させ、指定した預貯金口座への振込みその他の方法により、不特定多数の者から現金等をだまし取る犯罪」としています。オレオレ詐欺以外にも架空料金の請求や還付金などその種類は多様になりつつあります。

5 情報リテラシー

情報リテラシーとは、世の中に溢れるさまざまな情報を適切に活用できる基礎的な能力をいいます。この情報に関する教育をおろそかにすると、SNS等に氾濫する犯罪性のある投稿に騙され、結果として犯罪に加担することになります。

Chapter 9 少年非行

（3）ぐ犯少年の現状

　最後に、ぐ犯少年の補導件数は 2013（平成 25）年以降、1000 件前後で推移していました。しかし、2022（令和 4）年は 656 件と顕著に減少しました。ただし、単に「ぐ犯少年が減った」と理解するべきではなく、2020（令和 2）年の新型コロナウイルス感染症（COVID-19）の流行による外出自粛等の影響で、ぐ犯少年等を補導する機会が失われたことが一因と考えられます。2023（令和 5）年 5 月には、新型コロナウイルス感染症の感染法上の分類が季節性インフルエンザなどと同じ扱いになったため、少年たちにはコロナ禍以前の日常が戻りました。少子化に伴い少年の人数も減っていますから、今後検挙や補導の人数は減るかもしれません。しかし、SNS の発達によりさまざまな誘惑が広がったり、違法薬物が手に入りやすいとの指摘があるなかで、どのように少年を犯罪から守っていくかは、今後の社会的課題といえるでしょう。

表9-1　非行少年等の検挙・補導人員の推移

区分 ＼ 年	H24年	25年	26年	27年	28年	29年	30年	R元年	2年	3年	4年
刑法犯少年	65,448 (100)	56,469 (86)	48,361 (74)	38,921 (59)	31,516 (48)	26,797 (41)	23,489 (36)	19,914 (30)	17,466 (27)	14,818 (23)	14,887 (23)
特別法犯少年	6,578 (100)	5,830 (89)	5,720 (87)	5,412 (82)	5,288 (80)	5,041 (77)	4,354 (66)	4,557 (69)	5,022 (76)	4,940 (75)	4,639 (70)
交通事故に係る 過失運転致死傷等	21,705 (100)	21,352 (98)	19,292 (89)	17,270 (80)	16,609 (77)	15,101 (70)	13,903 (64)	11,117 (51)	9,511 (44)	9,403 (43)	8,985 (41)
道路交通法違反	247,050 (100)	229,831 (93)	205,829 (83)	195,043 (79)	178,149 (72)	162,964 (66)	137,329 (56)	124,809 (51)	124,077 (50)	115,256 (47)	100,280 (41)
触法少年（刑法）	13,945 (100)	12,592 (90)	11,846 (85)	9,759 (70)	8,587 (62)	8,311 (60)	6,969 (50)	6,162 (44)	5,086 (36)	5,581 (40)	6,025 (43)
触法少年（特別法）	1,076 (100)	941 (87)	801 (74)	800 (74)	743 (69)	730 (68)	633 (59)	607 (56)	569 (53)	628 (58)	704 (65)
ぐ犯少年	993 (100)	959 (97)	1,066 (107)	1,089 (110)	1,064 (107)	1,107 (111)	1,150 (116)	1,068 (108)	869 (88)	795 (80)	656 (66)
不良行為少年	917,926 (100)	809,652 (88)	731,174 (80)	641,798 (70)	536,420 (58)	476,284 (52)	404,754 (44)	374,982 (41)	333,182 (36)	308,563 (34)	297,078 (32)

（注 1）（　）は、平成 24 年を 100 とした場合の指数である。
（注 2）交通事故に係る過失運転致死傷等と道路交通法違反の数値は、交通指導課による。
（注 3）交通事故に係る過失運転致死傷等には危険運転致死傷を含む。
（注 4）本図の道路交通法違反は、道路交通法の罪のうち、自動車、原動機付自転車及び重被けん引車の運転に関するものをいう。
出典：警察庁生活安全局人身安全・少年課「令和 3 年中における少年の補導及び保護の状況」p.1、2022 年、警察庁生活安全局人身安全・少年課「令和 4 年中における少年の補導及び保護の状況」p.1、2023 年をもとに筆者作成

Section 2 少年非行の背景

ねらい

● 少年非行の背景について理解しましょう。
● 非行を防止するための方策を保育者の視点から考えましょう。

1 非行に至る原因

子どもはなぜ、不良行為や非行に至ることがあるのでしょうか。

その原因を一つに特定することはできませんが、Section 2 では以下の2つに注目します。子どもの「非行の芽」が小さいうちに、保育者や保護者、支援者が積極的にかかわり、子どもを非行に至らせないことが、子ども自身の生涯にわたる幸せのためには最善です。

（1）子どもの育つ環境

最初に心配されるのが、子どもが育つ家庭環境です。Section 1 でも述べたように、子どもが家庭に寄りつかない、深夜徘徊する、といったことを単に非難したり叱ったりするのではなく、まずはその背景に想像力をはたらかせることが大切です。

まずは、子どもの家庭環境について考えてみましょう。家庭において不適切なかかわり、特に虐待によって保護者との愛着形成が不十分な場合、子どもに何らかの心のゆがみが生じかねないことは明らかです。性的虐待や身体的虐待などを保護者から継続的に受けている少年（特に小学校高学年以降）は、自宅に帰らず、友人宅などを転々として生活が乱れ、深夜徘徊や喫煙、飲酒などの不良行為に至ることが容易に想像できます。児童虐待は、子どもが直接的に被害を受けることに加え、子ども自身の虐待からの逃避（避難）行動によって非行に至るという間接的な被害も生じるのです。

保育や幼児教育の現場では、子どもの非行を目にすることはほとんどな

Chapter 9

少年非行

125

いと思われます。しかし、虐待が将来的に子どもの非行や人格形成のゆがみにつながる可能性があるという認識をもつことは大切です。非行防止の意味からも、児童虐待には強い危機意識をもたなければなりません。

　また、親の不適切なかかわりが子どもの道徳心をゆがめてしまうことも、不良行為や非行と無関係ではありません。子どもは、保護者など身近な大人からの影響を受けて、それをモデルに成長します。そのため、保護者などが決まりを守る意識（遵法意識）に欠けると、子どもの健全な成長に大きな影響を与えます。保護者は子どもにとって最も身近な模範（ロールモデル）としての「大人」です。親がしつけと称して子どもに直接暴力をふるったり、ドメスティック・バイオレンス（言葉の暴力を含む）が常態化していたり、あるいはルールを守らない行為を繰り返したりする場合、子どもはそのような行為を「当たり前」だと認識してしまう可能性があります。まずは家庭のなかで、適切な人間関係やルールを守ることの大切さを保護者が自ら実践する姿勢が大事です。

　以上のように、子どもへのかかわり方一つで子どもが非行に走らずに済むか否かが左右されるため、幼少期から保護者が子どもに適切にかかわれるよう、周囲の専門職が後押しすることが必要です。

（2）子ども自身の性格行動

　次に、子ども自身の性格行動や特性、あるいは障害によって非行に至るケースに着目してみましょう。

　「非行」には他者の権利を侵害する行為が含まれますから、一般的に非難の対象になります。しかし、非行少年のなかには、発達障害など何らかの障害があるために自己の行動をコントロールできず、非行へと至ってしまう子どももいることは理解したいところです。

　例えば、こども家庭庁が2024（令和6）年4月に公表した「社会的養育の推進に向けて」によると、Section 1で示した触法少年やぐ犯少年が主な入所対象である児童自立支援施設に入所している子どものうち、2022（令和4）年では約7割が「障害等のある児童」とされていることから、発達障害等に起因する非行も見逃すことができないことがわかります。

　児童の非行行為は、単に非難したり、罰したりするのではなく、その背景に十分に思いを巡らせることが大切です。加えて、たとえ何らかの障害があったとしても、子どもには可塑性がありますから、適切な支援や治療

によって、将来自立した生活を送ることが十分可能であるということも理解しましょう。

2 非行少年の背景にある障害

「社会的養育の推進に向けて」に示された「何らかの障害等」とは、医学的な診断名で示すと「行為障害」や「反抗挑戦性障害」などが一例としてあげられます。例えば行為障害の場合、「他者の基本的人権または年齢相応の主要な社会的規範または規則を侵害することが反復し持続する行動様式」[1]であって、①人や動物に対する攻撃性（他人への脅迫やいじめなど）、②所有物の破壊、③嘘をつくことや窃盗、④重大な規則違反（深夜の外出など）が生じるケースがあります。また、反抗挑戦性障害は「少なくとも6ヶ月以上持続する拒絶的、反抗的、挑戦的な行動様式」[2]で、①しばしば「かんしゃく」を起こす、②しばしば大人と口論する、③しばしば故意に他人をいらだたせるなどの行為がみられることで診断される場合があります。

これらは低年齢の子どもにもみられる行為で、早期発見と早期介入・支援が必要です。具体的には保育施設や学校、児童相談所や医療機関が連携して、支援のあり方や方向性を検討する必要があるでしょう。

Section 2 では、家庭を中心とした子どもの育つ環境と「行為障害」等の子どもの性格行動に着目して解説しましたが、冒頭で述べたとおり、非行の原因は一様ではありません。ただ、「非行の芽」に気づくのが早ければ早いほど、周囲の大人からのケアを早く受けることにつながり、子ども自身が傷つかず健全に育つことが可能ですから、保育士や放課後児童指導員（学童保育の先生）などが、専門的な視点から子どもの小さな変化に気づくことはますます重要になっていくでしょう。

＊1 小栗正幸監『行為障害と非行のことがわかる本』講談社、pp.12 ～ 13、2011 年
＊2 同上

Section 3 非行少年への支援と課題

ねらい

● 非行少年への具体的な支援のあり方について理解を深めましょう。
● 非行少年を支える、家族などの「大人」はどのような姿勢でいるべきかを考えてみましょう。

1 子どものサインを見逃さない

　ここまで、非行の現状と特徴をみてきました。非行は多くの場合、犯罪や触法行為が発生して初めてわかることが多く、未然に防止する機能が十分に働いていないことが大きな課題です。しかし、行為障害[*3]や反抗挑戦性障害からもわかるように、子どもが成長発達する過程において、何らかのサインを出している場合が多いことも理解できたのではないでしょうか。非行に至る原因が常に家庭にあるとは限りませんが、粗暴な言動など何らかのサインがみられた場合にはすぐに対応できるよう、支援者は日頃から家庭とのコミュニケーションを通した信頼関係の構築が必要になるものと考えられます。

2 非行少年への支援の観点

　非行の場合、年齢によって処遇は変わりますが、基本的には Chapter 4（p.52）で述べたように児童自立支援施設での処遇となり、福祉的支援が中心になります。年齢や犯罪の程度によっては、少年審判による少年院等での処遇も考えられますが、いずれも処罰が目的ではなく、少年が非行に至った背景に目を向け、再び犯罪に手を染めないように自分と向き合った

＊3 小栗正幸監『行為障害と非行のことがわかる本』講談社、pp.12〜22、2011 年

り、生活を見直したり、あるいは対処後の生活の場の調整（家庭環境の調整など）をしたりすることになります。

犯罪行為や触法行為は子どもの将来（進学や就職も含む）に大きな影響を与え、被害者だけでなく少年本人も深い傷を負うことになります。児童憲章第10条に「あやまちをおかした児童は、適切に保護指導される」とあるように、社会は非行に至った子どもの将来に責任をもつ必要があります。そのため、個人情報を漏洩したり、差別したりして、子どもが再び非行に至ることのないよう、少年の立ち直りを温かく支える社会の理解と受容的態度が必要になります。

⏰ Discussion Time

Chapter 9での学習を振り返り、「非行の芽」を素早く見つけるために、以下の放課後等児童クラブ（学童保育）での事例を参考に、具体的な支援を検討しましょう。

事例

Eさん（小学4年生・女児）は、両親と弟（3歳）、妹（0歳）とともに暮らしています。3年生の後半ごろから他児とトラブルを起こすことが多くなり、指導員が注意をしても言うことを聞かず口答えをしたり、壁を蹴ったりと反抗的な態度が目立つようになってきました。ある日、学童保育所を無断で抜け出したので、職員・保護者で捜したところ、近所のゲームセンターで中学生のグループと一緒にいるところを保護されました。

両親はEさんを強く叱り、Eさんは泣いて「ごめんなさい」と謝りましたが、その後も学童保育を無断で抜け出すことがたびたびありました。

あなたが学童保育の指導員であると仮定して、EさんやEさんの家族にどのようなかかわりをもつことが適切だと考えますか。

💡 討論のヒント

子どもが非行に至る背景には、家庭環境が強く影響していることがわかりました。子どもの行動と家庭への支援の両面から検討をしてみましょう。

非行を未然に防止するために、子どもの「非行の芽」と思われる行為の具体例を調べ、保育者はどのような視点で子どもと保護者にかかわる必要があるのかをまとめてみましょう。

参考文献

- 小栗正幸監『行為障害と非行のことがわかる本』講談社、2011 年
- 警察庁生活安全局人身安全・少年課「令和 3 年中における少年の補導及び保護の状況」2022 年
- 警察庁生活安全局人身安全・少年課「令和 4 年中における少年の補導及び保護の状況」2023 年
- こども家庭庁支援局家庭福祉課「社会的養育の推進に向けて」2024 年
- 内閣府編『令和 4 年版 子供・若者白書』2022 年

Chapter 10

障害のある子どもへの対応

児童憲章

十一　すべての児童は、身体が不自由な場合、または精神の機能が不十分な場合に、適切な治療と教育と保護が与えられる。

　"障害"と聞くと、身体が不自由であったり、知的機能に遅れがあったりする状態を連想することが多いと思います。しかし、近年では、自閉スペクトラム症や注意欠如多動症などの発達障害が注目されるようになり、保育現場においても"気になる子"や障害などを理由に何らかの支援が必要な子どもなどが増えています。障害といっても、その状態はさまざまであり、一人の子どもとしてとらえ、一人ひとりに合った支援や対応を行うことが求められます。

　児童憲章第11条では、「すべての児童」は、その状況に応じて「適切な治療と教育と保護が与えられる」と示されています。Chapter10では、まず、障害とは何かについて、理解を深めます。そして、「適切な治療と教育と保護」とは、具体的にどのようなものなのか、障害のある子どもに対する施策や支援についても理解を深めます。

事前学習

"障害" とはどのようなものかを調べましょう。
そのうえで、障害のある子どもが抱えるニーズ[1]と必要な支援を検討しましょう。

Section 1　障害とは

ねらい

● 障害とは何かについて学びましょう。
● 今日の障害観や障害のとらえ方について理解しましょう。
● 障害や障害児が法律にどのように定義されているかを把握しましょう。

1　障害をどのようにとらえるか

（1）障害観の変遷

　障害のある子どもとかかわるうえで、障害をどのようにとらえているのかという「障害観」は大きな影響を及ぼすものです。まずは、障害にかかわる理念や国際的な共通の枠組みについて説明します。

　1950年代後半、デンマークのバンク－ミケルセンが「ノーマライゼーション」という社会理念を提唱しました。ノーマライゼーションとは、障害のある人も、「当たり前の」「普通の」生活を送る権利があり、その生活を支える社会を構築するという考え方です。さらに、スウェーデンのベンクト・ニィリエは、これを整理して8つの原理[2]にまとめ、世界に広めました。また、1981年の「国際障害者年[3]」の制定も、ノーマライゼーションの理念が広がる大きなきっかけとなりました。この理念の広がりとともに、障害の有無にかかわらず、個々の障害者や特性を受け入れて共生していくことができる社会をめざす「インクルージョン（社会的包摂）」や、さまざまな性別や年齢、国籍などの多様性を受け入れる「ダイバーシティ（多様性）」などの理念も広まっています。

---

1 ニーズ（ニード）

生活するために必要なもの、欲求、要求、需要のことです。本人が自覚しているものだけでなく、同じ特性をもつ別の人や地域、望ましい基準等と比較によって見いだされるニーズもあります。

2 8つの原理

①一日のノーマルなリズム、②一週間のノーマルなリズム、③一年間のノーマルなリズム、④ライフサイクルにおけるノーマルな発達経験、⑤ノーマルな個人の尊厳と自己決定権、⑥ノーマルな性的関係、⑦ノーマルな経済水準とそれを得る権利、⑧ノーマルな環境形態と水準のことです。

3 国際障害者年

1971年「精神薄弱者の権利宣言」、1975年「障害者の権利宣言」に続き、1981年に国連で定められたもので、「完全参加と平等」がテーマとなりました。

（2）障害概念の国際的な共通の枠組み：国際生活機能分類（ICF）

　国際生活機能分類（ICF）とは、世界保健機関（WHO）が2001年に国際障害分類（ICIDH）の改定版として発表した、障害概念の国際的な共通の枠組みのことです。

　1980年に発表されたICIDHは、身体機能の障害は能力障害や社会的不利につながるという考え方で、「医学モデル」と呼ばれるものでした。その矢印は疾患変調や機能障害が社会的不利へと一方向に向かっており、「障害」というマイナスな側面のみに注目した分類になっていました（図10-1）。これに対し、ICFは、「生活機能モデル」と呼ばれ、矢印が双方向になり、プラスとマイナスの両面をとらえるようになったことが特徴です。ICFでは、健康状態を構成する「生活機能」として、「心身機能・身体構造」「活動」「参加」の3つのレベルがあります（図10-2）。

図10-1 国際障害分類（ICIDH）

図10-2 国際生活機能分類（ICF）

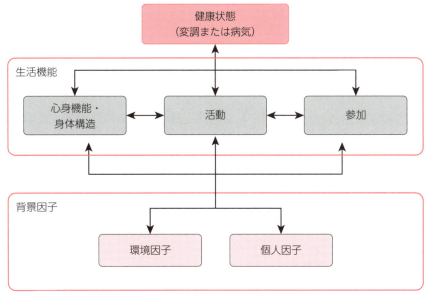

出典：障害者福祉研究会編『ICF 国際生活機能分類――国際障害分類改定版』中央法規出版、p.17、2002年

この「生活機能」は、健康状態や、環境因子・個人因子からなる背景因子と相互に影響し合っているととらえられます。生活機能上の問題は、特定の人々ではなく、誰にでも起こり得るものであるため、ICF の目的は「"生きることの全体像"を示す"共通言語"」[*1] であるといわれています。

2 障害の定義

（1）障害および障害者

障害といっても、その状態はさまざまであり、とらえ方もさまざまです。

はじめに、障害の定義について説明します。障害者基本法第 2 条では、「身体障害、知的障害、精神障害（発達障害を含む。）その他の心身の機能の障害」を「障害」と総称し、「障害及び社会的障壁 [4] により継続的に日常生活又は社会生活に相当な制限を受ける状態にあるもの」を「障害者」と定めています。

障害者基本法は、障害者の福祉を増進することを目的として、1970（昭和 45）年に制定された法律です。障害者福祉施策に関する基本的理念や国・地方公共団体等の責務等が定められています。

（2）障害児

また、児童福祉法第 4 条では、児童を「満 18 歳に満たない者」と定義したうえで、「身体に障害のある児童、知的障害のある児童、精神に障害のある児童（発達障害者支援法第 2 条第 2 項に規定する発達障害児を含む。）又は治療方法が確立していない疾病その他の特殊の疾病であって障害者の日常生活及び社会生活を総合的に支援するための法律第 4 条第 1 項の政令で定めるものによる障害の程度が同項の主務大臣が定める程度である児童」を「障害児」と定めています。

（3）障害種別ごとの定義

「身体障害」「知的障害」「精神障害」「発達障害」の定義は、それぞれ障害種別ごとの障害者福祉関連法等によって規定されています。また、2012

---

4 社会的障壁

障害者基本法第 2 条第 2 号において、「障害がある者にとって日常生活又は社会生活を営む上で障壁となるような社会における事物、制度、慣行、観念その他一切のものをいう」とされています。

---

*1 大川弥生『生活機能とは何か——ICF：国際生活機能分類の理解と活用』東京大学出版会、pp.1～11、2007 年

Section 1　障害とは

（平成24）年の児童福祉法改正により、「治療方法が確立していない疾病その他の特殊の疾病であって障害者の日常生活及び社会生活を総合的に支援する法律第4条第1項の政令で定めるものによる障害の程度が同項の厚生労働大臣が定める程度である児童」が障害児の定義に加わり、難病の児童も障害者福祉施策の対象となりました。

①身体障害

　身体障害については、身体障害者福祉法第4条に定義が定められています。「「身体障害者」とは、別表に掲げる身体上の障害がある18歳以上の者であって、都道府県知事から身体障害者手帳の交付を受けたもの」と規定されており、「別表に掲げる身体上の障害」とは、身体障害者障害程度等級表のことです。身体障害者障害程度等級表は、表10-1に示す障害について、障害の程度によって1級から7級までの等級に分けられます。

②知的障害

　知的障害については、知的障害者福祉法では定義が定められていません。次の3つの基準はAAIDD、ICD-11、DSM-5などの診断基準に共通しており、これらを満たすことによって、社会生活上の困難さを感じ、支援を必要としている状態のことを知的障害といいます。

表10-1 身体障害者障害程度等級表に示される障害

視覚障害
聴覚又は平衡機能の障害
聴覚障害 平衡機能障害
音声機能、言語機能又はそしゃく機能の障害
肢体不自由
上肢 下肢 体幹 乳幼児期以前の非進行性の脳病変による運動機能障害
内部障害
心臓機能障害 じん臓機能障害 呼吸器機能障害 ぼうこう又は直腸の機能障害 小腸機能障害 ヒト免疫不全ウイルスによる免疫機能障害 肝臓機能障害

Chapter 10 障害のある子どもへの対応

●知的機能が低いこと（知的能力（IQ）が70未満）

●日常生活や社会生活への適応能力が低く、適応行動に制約を伴う状態であること

●発達期（18歳まで）に生じる障害であること

　知的障害児・者には、IQや問題行動など、障害の程度に応じて療育手帳が交付されます。療育手帳の名称や等級分けは自治体によって異なるため、自分が生活している地域の内容を確認することが必要ですが、重度「A」と重度以外（中軽度）「B」に分けられる地域が多いです。

③精神障害

　精神障害については、精神保健及び精神障害者福祉に関する法律（精神保健福祉法）第5条に精神障害者の定義として、「統合失調症、精神作用物質による急性中毒又はその依存症、知的障害その他の精神疾患を有する者」と規定されています。

④発達障害

　2012（平成24）年の児童福祉法改正では、障害児の定義が見直され、「精神に障害のある児童（発達障害者支援法第2条第2項に規定する発達障害児を含む。）」が新たに追加されることになり、発達障害児についても障害児支援の対象として児童福祉法に位置づけられることになりました。

　発達障害者支援法第2条第1項では、まず、発達障害について、「自閉症、アスペルガー症候群その他の広汎性発達障害、学習障害、注意欠陥多動性障害その他これに類する脳機能の障害であってその症状が通常低年齢において発現するものとして政令で定めるもの」と定められています。また、同条第2項は、発達障害者を「発達障害がある者であって発達障害及び社会的障壁により日常生活又は社会生活に制限を受けるもの」をいい、発達障害児とは、「発達障害者のうち18歳未満のもの」と定めています。

　定義にある、「自閉症、アスペルガー症候群その他の広汎性発達障害、学習障害、注意欠陥多動性障害」の主な特徴としては、図10-3に示すようなものがあります。ただし、これらは個人差があり、年齢や環境等によっても変化することがあります。先入観をもってかかわるのではなく、個人として理解し、一人ひとりに合った支援を行うことが求められます。以前は、自閉症、アスペルガー症候群などと症状によって細かく分類されていましたが、アメリカ精神医学会が2013年に発刊した『DSM-5（精神疾患

の診断・統計マニュアル）』では、「自閉スペクトラム症／自閉症スペクトラム障害」とまとめられました。さらに2022年に発刊された『DSM-5-TR』では、「自閉スペクトラム症」のみに統一され、「注意欠如・多動症／注意欠如・多動性障害」は「注意欠如多動症」に、「限局性学習症／限局性学習障害」は「限局性学習症」に、それぞれ病名が変更されました。

⑤難病

難病児についても、2012（平成24）年の児童福祉法改正により、障害児の定義に新たに追加されました。難病については、1972（昭和47）年に策定された「難病対策要綱」で、「（1）原因不明、治療方法未確立であり、かつ、後遺症を残すおそれが少なくない疾病、（2）経過が慢性にわたり、単に経済的な問題のみならず介護等に著しく人手を要するために家族の負担が重く、また精神的にも負担の大きい疾病」と定義されています。また、2014（平成26）年には、難病の患者に対する医療等に関する法律（難病法）が制定され、その第1条では、「発病の機構が明らかでなく、かつ、治療方法が確立していない希少な疾病」であり、「長期にわたり療養を必要とすることとなるもの」と定義されています。

図10-3　発達障害の主な特徴

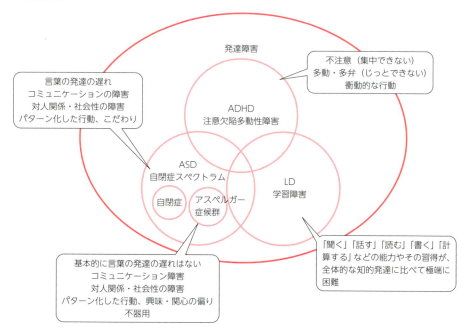

出典：厚生労働省「政策レポート 発達障害の理解のために」 https://www.mhlw.go.jp/seisaku/17.html

Section 2 障害のある子どもの支援

> **ねらい**
> - 障害のある子どもの福祉施策や支援などについて理解しましょう。
> - 保育者として障害のある子どもにできる支援を考えましょう。

1 障害のある子どもへの福祉施策・支援

(1) 児童福祉法に基づく支援

　障害のある子どもの支援は、児童福祉法に規定されています。以前は、障害種別で分かれていましたが、2012（平成24）年の児童福祉法改正により、障害児支援の強化を図るため、通所・入所の利用形態別に、「障害児通所支援」と「障害児入所支援」に再編されました（図10-4）。また、それぞれ「福祉型」と「医療型」[5]に分類されており、医療型では支援だけでなく治療を行うことも目的に含まれます。

5 「福祉型」・「医療型」

児童発達支援センターは、障害種別にかかわらず、身近な地域で必要な発達支援を受けることができることをめざし、2022（令和4）年の児童福祉法改正により、一元化されました。

図10-4 2012（平成24）年児童福祉法改正による障害児施設・事業の一元化

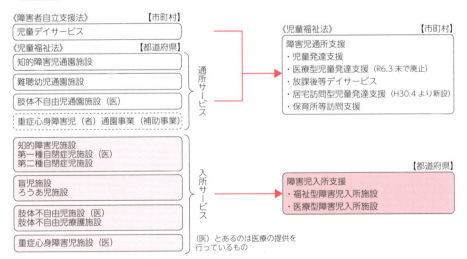

出典：厚生労働省社会・援護局障害保健福祉部障害福祉課「児童福祉法の一部改正の概要について」p.4、2012年

| 表10-2 | 障害児通所支援の概要 |

児童発達支援	障害児につき、児童発達支援センターその他の内閣府令で定める施設に通わせ、日常生活における基本的な動作および知識技能の習得ならびに集団生活への適応行動のための支援その他の内閣府令で定める便宜を供与し、またはこれに併せて児童発達支援センターにおいて治療（上肢、下肢または体幹の機能の障害のある児童に対して行われるものに限る）を行う。
放課後等デイサービス	学校教育法（昭和22年法律第26号）第1条に規定する学校（幼稚園および大学を除く）または専修学校等に就学している障害児につき、授業の終了後または休業日に児童発達支援センターその他の内閣府令で定める施設に通わせ、生活能力の向上のために必要な支援、社会との交流の促進その他の便宜を供与する。
居宅訪問型児童発達支援	重度の障害の状態その他これに準ずるものとして内閣府令で定める状態にある障害児であって、児童発達支援または放課後等デイサービスを受けるために外出することが著しく困難なものにつき、当該障害児の居宅を訪問し、日常生活における基本的な動作、知識技能の習得、生活能力の向上のために必要な支援その他の内閣府令で定める便宜を供与する。
保育所等訪問支援	保育所その他の児童が集団生活を営む施設として内閣府令で定めるものに通う障害児または乳児院その他の児童が集団生活を営む施設として内閣府令で定めるものに入所する障害児につき、当該施設を訪問し、当該施設における障害児以外の児童との集団生活への適応のための専門的な支援その他の便宜を供与する。

障害児通所支援は、児童福祉法第6条の2の2に規定されており、「児童発達支援」「放課後等デイサービス」「居宅訪問型児童発達支援」「保育所等訪問支援」を指します（表10-2）。「居宅訪問型児童発達支援」は、外出することが難しい子どもたちの発達支援のために自宅に訪問する発達支援の制度として、2018（平成30）年に新たにできました。これらの支援の利用にあたっては、自治体から「通所受給者証」の交付を受けることが必要になるため、まずは自治体の窓口に相談することが必要です。

障害児入所支援は、児童福祉法第7条第2項に規定されています。障害児入所施設に入所または指定発達支援医療機関に入院する障害児を対象に、保護、日常生活における基本的な動作および独立生活に必要な知識習得のための支援、重症心身障害児に対する治療を行います。

（2）障害者総合支援法に基づく支援

障害者の日常生活及び社会生活を総合的に支援するための法律（障害者総合支援法）は、それ以前に施行されていた障害者自立支援法を改正する形で2013（平成25）年より施行されました。障害者総合支援法は、「障害の有無にかかわらず国民が相互に人格と個性を尊重し安心して暮らすことのできる地域社会の実現に寄与することを目的」としており、障害のある子どもが利用できる支援もあります（表10-3）。

Chapter 10

障害のある子どもへの対応

表10-3 障害者総合支援法に基づく障害のある子どもを対象とした支援（介護給付）

居宅介護（ホームヘルプ） （第5条第2項）	居宅において入浴、排泄または食事の介護その他の主務省令で定める便宜を供与する。
同行援護 （第5条第4項）	視覚障害により、移動に著しい困難を有する障害者等につき、外出時において、当該障害者等に同行し、移動に必要な情報を提供するとともに、移動の援護その他の主務省令で定める便宜を供与する。
行動援護 （第5条第5項）	知的障害または精神障害により行動上著しい困難を有する障害者等であって常時介護を要するものにつき、当該障害者等が行動する際に生じ得る危険を回避するために必要な援護、外出時における移動中の介護その他の主務省令で定める便宜を供与する。
短期入所（ショートステイ） （第5条第8項）	居宅においてその介護を行う者の疾病その他の理由により、障害者支援施設その他の主務省令で定める施設への短期間の入所を必要とする障害者等につき、当該施設に短期間の入所をさせ、入浴、排泄または食事の介護その他の主務省令で定める便宜を供与する。
重度障害者等包括支援 （第5条第9項）	常時介護を要する障害者等であって、その介護の必要の程度が著しく高いものとして主務省令で定めるものにつき、居宅介護その他の主務省令で定める障害福祉サービスを包括的に提供する。

（3）経済的支援

　障害のある子どもを養育している家庭には、養育に必要な費用を保護者に支援することで負担を軽減し、福祉の増進を図ることを目的とした特別児童扶養手当等が支給されます（ただし、所得制限が設けられています）。特別児童扶養手当等の支給に関する法律において、「障害児」とは、20歳未満であり、一定の障害の状態にある者とされています。また、障害児のうち、重度の障害の状態にあり、日常生活において常時の介護を必要とする者を「重度障害児」としています。障害児には「特別児童扶養手当」が、重度障害児には「障害児福祉手当」が支給されます。

（4）医療費助成

　難病や子どもの慢性疾患は、治療が長引き完治しにくいことから、子ども本人だけではなく、家族も肉体的、心理的負担に加えて、医療費や介護費などの大きな経済的負担を抱えることになります。今までも国と自治体による医療費の助成制度はありましたが、2015（平成27）年から、難病の患者に対する医療等に関する法律と児童福祉法の一部を改正する法律が施行され、難病と小児慢性特定疾病の医療費助成制度が整備されました。この医療費助成制度では、「指定難病」や「小児慢性特定疾病」の医療費助成にかかる費用の2分の1を国が負担することが定められました。

2 障害のある子どもの保育・教育

（1）障害のある子どもとのかかわり

　児童福祉法第2条には、すべての国民は「児童の年齢及び発達の程度に応じて、その意見が尊重され、その最善の利益が優先して考慮され、心身ともに健やかに育成されるよう努めなければならない」と定められています。障害の有無にかかわらず、一人ひとりの子どもの最善の利益を優先し、育ちを保障していくことが保育者にも求められます。

（2）障害のある子どもの保育

　以前は、障害のある子どものための保育を行うことがよいとされ、「分離保育」の形式が進められていましたが、1974（昭和49）年度からは、障害のある子どもの保育所での受け入れを促進するため、保育士の加配や補助金の制度が進められてきました。その結果、障害のある子どもを受け入れる施設数、児童数ともに年々増加しており、2021（令和3）年度は約8万6000人の障害のある子どもが保育の場を利用しています。

　2015（平成28）年から開始した「子ども・子育て支援新制度」では、「保育所、幼稚園、認定こども園において、障害のある児童等の特別な支援が必要な子供を受け入れ、地域関係機関との連携や、相談対応等を行う場合に、地域の療育支援を補助する者を配置」することが示され、保育の現場における障害のある子どもの受け入れが進んでいます。

（3）特別支援教育

　子どもの発達や障害の程度により、就学先を選択できます。自治体で異なる場合もありますが、地域の学校には特別支援学級や通級指導教室が設置されており、一人ひとりに合わせた支援が受けられます。特別支援学校では、障害のある子どもの自立に向けた支援に重きをおいています。

🕐 Discussion Time

Chapter10での学習を振り返り、一人ひとりに合った支援を行うために、

以下の幼稚園での事例を参考に、具体的な支援について検討しましょう。

事例

F くん（5 歳・男児）は、身体を動かすことや外遊びを好み、登園後はすぐに園庭に向かい遊んでいます。次の活動を始めるため、外遊びを終了しようと保育者が声をかけると、走って逃げ回り、なかなか室内に入ろうとしません。絵本の読み聞かせや制作の時間には、教室から出ていくことが多く、落ち着いて活動に参加することも難しい状況です。クラスの友だちと楽しく遊ぶ姿もありますが、順番を守れなかったり、友だちが使っているおもちゃなどを取ったり、勝ち負けのある遊びで負けそうになると途中でやめたりすることが多く、友だちとのトラブルが絶えません。

あなたが保育者であると仮定して、F くんに対しどのようなかかわりをもつことが適切だと考えますか。

討論のヒント

F くんの行動の背景には、どのような思いや願いがあるでしょうか。F くんの問題行動としてとらえるのではなく、その行動の背景にある思いや願いを考えてみましょう。

事後学習

地域では、障害のある子どもの支援にどのようなものがあるかを調べてみましょう。

参考文献

- 大川弥生『生活機能とは何か——ICF：国際生活機能分類の理解と活用』東京大学出版会、2007 年
- 厚生労働省「政策レポート　発達障害の理解のために」　https://www.mhlw.go.jp/seisaku/17.html
- 厚生労働省社会・援護局障害保健福祉部障害福祉課「児童福祉法の一部改正の概要について」2012 年
- 障害者福祉研究会編『ICF 国際生活機能分類——国際障害分類改定版』中央法規出版、2002 年
- 内閣府編『令和 5 年版 障害者白書』2023 年

Chapter 11

子どもの権利と福祉
～子どもの人権擁護～

児童憲章

児童は、人として尊ばれる。
児童は、社会の一員として重んぜられる。
児童は、よい環境のなかで育てられる。

　子どもの権利や福祉と聞いても、すぐにイメージが湧かない人もいるかもしれません。児童憲章の前文に、「人として尊ばれる」「社会の一員として重んぜられる」とありますが、これが子どもの権利です。福祉とは、幸せや幸福な状態を意味します。子どもも大人と同じように、人権が保障されることで幸せや幸福を追求することができるのです。

　大人と子どもには、力関係が存在します。子どもは、周囲の大人からの虐待や暴力によって、さまざまな権利を侵害されてしまうおそれがあります。子どもに暴力をふるったり、意見を蔑ろにしたりすることは、子どもの権利の侵害です。権利を侵害された子どもには、権利の回復に向けた支援が必要となります。Chapter11 では、子どもの人権侵害を中心に、現代の子どもを取り巻く問題について把握しながら、子どもの人権擁護や「こどもまんなか社会」の実現（子どもを権利の主体にする取り組み）について考えます。

> **事 前 学 習**
>
> なぜ子どもへの人権侵害（いじめ、虐待死など）が発生するのか考えてみましょう。
> 「幸せ」とは何かを考え、周りの人と意見を交換してみましょう。

Section 1 現代の子どもは幸せ？

> **ね ら い**
>
> ● 現代の子どもを取り巻く問題を把握しましょう。
> ● 子どもの人権を守ることが必要な理由を学びましょう。
> ● 子どもを権利の主体にする取り組みについて考えましょう。

1 子どもの幸せとは何か

（1）子どもの幸せ

　みなさんは、子どもの幸せというと何を思い浮かべますか。両親が健在な状態でしょうか。お金に余裕があり、何でも好きな物を買える状態でしょうか。幸せとは、その人にとって「よい状態」を意味します。それでは、「よい状態」とは具体的に何をイメージしますか。イメージが湧かない場合は、その逆となる「悪い状態」や「よくない状態」について考えてみましょう。

　子どもにとって「よい状態」がどのような状態かは、保育者など周囲の大人の価値観や基準で決まるものではなく、子ども本人が決めるものです。これを、子どもの最善の利益といいます。子どもの最善の利益とは、1989年に国際連合で採択された「子どもの権利条約」の基本原則です。この条約で重要なのは、子どもは大人に一方的に保護される受動的な存在ではなく、権利の主体者、および行使者として規定されているという点です。子どもに意見の尊重や表現の自由、集会・結社の自由[1]などを認める広範な内容となっています。子どもは、自分の意見や表現が社会に受け止められ

---

1 集会・結社の自由
「参加する権利」では、適切な情報が提供され、自分の意見を表明でき、仲間をつくり、集まる自由が示されています。

ることで、初めて自身の幸せを追求できるのです。

（2）子どもを取り巻く問題

　子どもを取り巻く問題として、いじめや体罰、虐待や自殺などがあります。文部科学省「令和4年度 児童生徒の問題行動・不登校等生徒指導上の諸課題に関する調査結果の概要」によると、2022（令和4）年度のいじめの重大事態の件数は923件であり、前年度に比べ217件（30.7％）増加し過去最多となっています。いじめ防止対策推進法の理解が進んだことによる積極的な認定や保護者の意向を尊重した対応がなされている一方、学校としてのいじめの認知や組織的な対応に課題があったことが考えられます。また、いじめの認知件数も過去最多となっていることから、これまで見過ごしてきた問題が顕在化したともいえるでしょう。

　また、児童虐待について、警察庁によると、警察から児童相談所への通告児童数は年々増加しており、2023（令和5）年は12万2806人（前年比6.1％増加）で過去最多となりました。その態様別では、心理的虐待が9万761人と全体の73.9％を占めています[*1]。

　子どもの自殺も深刻な問題です。厚生労働省の発表によると、2023（令和5）年中に自ら命を絶った20歳未満の者は810人でした[*2]。日本はG7のなかで唯一、10代の死因で自殺が最も多くなっており、子どもの自殺対策も喫緊の課題となっています。

（3）子どもの幸福度

　今日も危機的な状況のもとで暮らす子どもや、自らの命を絶ってしまう子どもがいます。それは幸せな状態にあるとはいえません。

　ユニセフの報告書『子どもたちに影響する世界』によると、日本の子どもの身体的健康（5～14歳の死亡率、5～19歳の過体重・肥満の割合）については先進38か国中で第1位ですが、精神的幸福度（生活満足度が高い15歳の割合、15～19歳の自殺率）は先進38か国中で第37位となっており、世界各国と比べると、著しく低いといえます[*3]。また、スキル（数学・読解力・社会的スキル）も第27位で、学校で「すぐに友達ができる」

＊1 警察庁「令和5年の犯罪情勢」p.15、2024年
＊2 厚生労働省自殺対策推進室・警察庁生活安全局生活安全企画課「令和5年中における自殺の状況」p.2、2024年

と答えた子どもの割合も69％と高くありません[*4]。

　報告書の要旨では、「なぜ先進国のすべての子どもたちが必ずしも良い子ども時代を過ごせてはいないのか？」という問いかけに対して、「質の低い人間関係」が強調されています。子どもたちはよい人間関係を非常に重視しており、家族のサポートが大きい子どもは精神的幸福度も高くなっています。また、子どもたちの多くは、「家庭や学校での意思決定に参加する機会を十分に与えられていない」と感じていることが報告されています[*5]。また、こども家庭庁によるインターネットモニター調査でも、「こども政策に関して意見を聴いてもらえていると思いますか？」という項目で、「そう思う・どちらかというとそう思う」と回答した子ども・若者はわずか20％でした（図11-1）。

　例えば、親や教員から希望の進路先を反対されてしまう子どもがいます。大学生になっても「就職先は公立保育園（公務員）か幼稚園にしなさい。福祉施設での就職は許さない」と保護者に反対されてしまい、自分で進路を決められない若者もいます。また、「1年くらい親と話していない」という高校生もいます。親や教員も長時間労働や不安定就労で、時間や心に余裕をもつことができず、子どもと直接話したり、遊んだりする時間がな

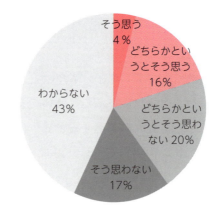

図11-1　こども政策に関して意見を聴いてもらえていると思いますか？

そう思う 4％
どちらかというとそう思う 16％
どちらかというとそう思わない 20％
そう思わない 17％
わからない 43％

出典：こども家庭庁「こども大綱（令和5年12月22日閣議決定）【説明資料】」p.53、2023年

[*3] ユニセフ・イノチェンティ研究所、公益財団法人日本ユニセフ協会広報室訳『イノチェンティ レポートカード16 子どもたちに影響する世界——先進国の子どもの幸福度を形作るものは何か』公益財団法人日本ユニセフ協会、p.11、2021年
[*4] 同上、p.19
[*5] 同上、p.3

い家庭も見受けられます。

参加する権利（意見表明権）は、子どもの社会参画を支える権利です。社会で認められ、大切にされることは、子どもに一人の人間としての尊厳と居場所を保障するものです。

子どもの幸福度は「子どもの世界」に加えて、「子どもを取り巻く世界」に左右されると考えられています。ここには、子どもが直接経験する行動や周囲の人との人間関係はもちろん、家庭の経済状況や地域の環境、政策や社会的要因なども含まれます。

2 子どもの人権を守るには

（1）子どもの人権を守るべき理由

人間が生きていくためには、着るもの、食べるもの、住む場所（衣食住）が必要です。そのため、人はさまざまな場面で協力しています。しかし、大人と子どもには圧倒的な力関係があります。

例えば、親から虐待を受け、一切食事を与えられない場合を考えてみましょう。子どもは自分の力で食料を手に入れることが難しいため、餓死するか、空腹に耐えられず、路頭に迷うことになります。大人に比べて弱い立場にある子どもは、優先して守られる必要があるのです。

また、子どもは契約などの法律行為に制限があります（民法第5条第1項）。例えば、未成年者がアパートを借りるときやスマートフォンの契約をするとき、アルバイトをするときなどには親権者（法定代理人）の同意が必要です。

子どもには選挙権もなく、政治参加も制限されています。だからこそ、大人は子どもの声を聴き、子どもの権利を守る必要があるのです。

（2）子どもの福祉に関する政策

①児童福祉法

日本における子どもの福祉に関する政策は、1947（昭和22）年の児童福祉法が始まりです。度重なる戦争により、孤児や浮浪児など、生活に困窮する子どもが増えたため、そうした子どもの保護や救済、治安対策を目的に制定されました。児童福祉法は、子どもの福祉について国の基本的な

表11-1	児童福祉法の改正前と改正後の比較

改正前	改正後（2016（平成28）年）
第1条　すべて国民は、児童が心身ともに健やかに生まれ、且つ、育成されるよう努めなければならない。 ②　すべて児童は、ひとしくその生活を保障され、愛護されなければならない。	第1条　全て児童は、児童の権利に関する条約の精神にのつとり、適切に養育されること、その生活を保障されること、愛され、保護されること、その心身の健やかな成長及び発達並びにその自立が図られることその他の福祉を等しく保障される権利を有する。
第2条　国民及び地方公共団体は、児童の保護者とともに、児童を心身ともに健やかに育成する責任を負う。	第2条　全て国民は、児童が良好な環境において生まれ、かつ、社会のあらゆる分野において、児童の年齢及び発達の程度に応じて、その意見が尊重され、その最善の利益が優先して考慮され、心身ともに健やかに育成されるよう努めなければならない。 ②　児童の保護者は、児童を心身ともに健やかに育成することについて第一義的責任を負う。 ③　国及び地方公共団体は、児童の保護者とともに、児童を心身ともに健やかに育成する責任を負う。

考え方をまとめたものです。例えば、第1条では「すべて国民は、児童が心身ともに健やかに生まれ、且つ、育成されるよう努めなければならない」と定められていました。

しかし、制定当初の児童福祉法の理念は、児童が権利の主体であること、意見を尊重されること、最善の利益を優先されること等が明らかではありませんでした。2016（平成28）年の改正で、ようやく子どもの福祉を保障するための理念の明確化が行われています（表11-1）。

児童福祉法の改正後は、第1条で子どもの権利について定められ、第2条で子どもの意見の尊重や最善の利益など、大人の責任が定められました。最善の利益とは、本人の価値観に照らして「よい」と思うことです。そのためには、周囲の大人が子どもの意見を聴き、その価値観について理解を深めることが前提となります。

②児童憲章

児童福祉法の制定後、国民に対して、子どもに対する見方を示したものが児童憲章です。日本で初めてとなる、子どもの権利に関する宣言です。1951（昭和26）年の5月5日（こどもの日）に制定されました。前文および12項目の本文から構成されています。前文では、次の3原則が示されています。

児童は、人として尊ばれる。

児童は、社会の一員として重んぜられる。

　児童は、よい環境のなかで育てられる。

　「人として」という文言からもわかるように、児童憲章は、子どもを一人の人格をもった人間として認め、尊重され、人権が尊重される必要があることを国民に示しました。

③こども基本法

　こども基本法は、すべての子どもや若者が将来にわたって幸せな生活ができる社会を実現するため、2023（令和5）年4月のこども家庭庁の創設と同時に施行されました。こども基本法は、子どもや若者に関する取り組みを進めていくうえで基本となることを定めた法律です。

　第1条に法律の目的、第2条に「こども」や「こども施策」の定義、第3条に基本理念[6]が定められています。基本理念をみると、「年齢や発達の程度により、自分に直接関係することに意見を言えたり、社会のさまざまな活動に参加できたりすること」や「年齢や発達の程度に応じて、意見が尊重され、こどもの今とこれからにとって最もよいことが優先して考えられること」が明記されています。

　第11条では、国や地方公共団体に対して、子どもや若者の意見を聴きながらこども施策を策定・実施・評価することを義務づけており、本法では、子どもの意見の尊重と最善の利益の優先が強調されていることがわかります。

　また、2023（令和5）年12月に閣議決定されたこども大綱でも、こども施策に関する基本的な方針として「こども・若者を権利の主体として認識し、その多様な人格・個性を尊重し、権利を保障し、こども・若者の今とこれからの最善の利益を図る」「こどもや若者、子育て当事者の視点を尊重し、その意見を聴き、対話しながら、ともに進めていく」などの6つが掲げられています。

（3）子どもの権利を守る取り組み

　一方、児童福祉施設では、次のように子どもの権利を守るさまざまな取り組みが行われています。

＊6 こども家庭庁「こども基本法とは？」pp.3～8、2023年

①子どもの権利ノート

　児童養護施設などの社会的養護のもとで生活する子どもを対象に、わかりやすく権利を伝え、権利が侵害されたときの解決方法を説明する小冊子です。1995（平成7）年に大阪府児童福祉課が初めて作成し、全国へ広がりました。権利ノートは、子どもが児童相談所から児童養護施設に入所したり、里親に委託されたりするときに、児童福祉司から手渡されることになっています。子どもが権利ノートを読むことで、自身に対する権利侵害に気づき、施設内虐待が発覚した事例もあります。

②苦情解決

　子どもと保育者との間には、少なからず上下関係や力関係があることは否定できません。子どもが保育者に直接不満や要望を伝えるのは難しいものです。子どもが一人で不満を抱えこまないようにし、対応するしくみが必要です。

　社会福祉事業を経営する者は、「利用者等からの苦情の適切な解決に努めなければならない」と規定されています（社会福祉法第82条）。苦情解決のしくみとして、苦情解決責任者および苦情受付担当者をおくことになっています。児童養護施設に入所している子どもの場合、施設に設置された意見箱に苦情の内容を書いて申し出ることもできます。話し合いで納得がいかない、または事業者や施設に苦情を言えない場合などは、都道府県社会福祉協議会に設置されている運営適正化委員会に申し出ることができるようになっています。児童福祉施設の苦情対応については、児童福祉施設の設備及び運営に関する基準第14条の3に規定されています。

③第三者評価

　社会福祉事業を経営する者は、自らの提供するサービスの質の評価を行うこと等により、サービスの質の向上に努めることが求められています（社会福祉法第78条第1項）。評価は、事業者および利用者以外の公正・中立な第三者機関によって、客観的な立場から行われます。2012（平成24）年度から、児童養護施設をはじめとする社会的養護関係施設は、他の社会福祉施設と異なり、子どもの最善の利益の実現のため、3年に一度以上の受審と施設利用者の調査が義務づけられています。第三者チェックが必要である理由として、社会的養護関係施設は措置制度による入所が中心のため、子どもたち自身で施設を選択するのが難しいこと、施設長の親権代行や監護措置が定められていることがあげられます。

Section 2 子どもの権利と福祉を守るための課題の検討

ねらい

● 子どもの権利を守るための課題について考えましょう。
● 子どもの最善の利益と「参画」について学びましょう。

1 子どもの権利と福祉を守るための課題

子どもの権利条約の基本原則に「子どもの最善の利益」があります。しかし、大人に比べ、弱い立場にある子どもは、権利を侵害されやすく、さまざまな課題が横たわっています。

（1）子どもの参画

参加する権利（意見表明権）は、子どもの権利条約の柱の一つですが、日本では十分な理解が得られていません。意見表明権は、「子どもの参画」という考え方の基本になっています。アメリカの環境心理学者ロジャー・ハートは、参画の段階について、8つのレベルに分けて説明しました（表11-2）。

家庭や学校、地域で、どれだけ子どもの参画を実現できているか考えてみましょう。周囲が、子どもを管理したり、支配したりする大人ばかりでは、多くの子どもが非参画状態に陥ります。

日本の児童福祉施設や社会福祉事業で行われる取り組みは、参画の段階のうち、どのレベルでしょうか。この「参画のはしご」という指標は、子どもの権利がどれだけ保障されているかを評価するうえで参考になります。国内の実践で⑦もしくは⑧の参画レベルにあるものを探してみましょう。

（2）家族とのかかわりと家族観の変化

現在、30以上の国と地域において、同性カップルの結婚が異性カップルと全く同等の結婚として認められています。時代の変化にともない、パー

表11-2 子どもの参画の段階

参画の段階	⑧子どもが始めた活動に大人を巻き込む。
	⑦子どもたちが計画して、指揮をとり、運営を行う。大人は子どもたちを支配・管理しない。サポート程度でかかわることができる。
	⑥大人が計画し、運営するが、意思決定のプロセスが子どもにも開かれており、決定を大人と一緒に行うことができる。
	⑤大人が計画し、運営するが、子どもは大人から意見を求められ、情報を与えられる。意見を大切に扱われる。
	④大人が計画し、子どもは大人が選んだ情報と役割を与えられて行動している（社会的動員）。
非参画 ※参画とは言えない	③見せかけ、形だけの参画 子ども議会（会議）などを開き、子どもの意見を言う場はあるが、ほとんど採用されない。
	②お飾り参画 子どもがこの場所にいれば絵になるというもの。アピールするために参加させられている。
	①操り（偽りの）参画 物やお金で釣り、子どもを騙して参加させる。大人が言いたいことを子どもの意見を装って言わせる。

出典：ロジャー・ハート、木下勇・田中治彦・南博文監、IPA 日本支部訳『子どもの参画——コミュニティづくりと身近な環境ケアへの参画のための理論と実際』萌文社、p.42、2000 年をもとに筆者作成

トナー関係や家族のあり方も常に変化していますが、日本ではいまだに画一的・固定的な家族観が根強く残り、多様な家族のあり方が認められにくいという課題があります。子どもにとっての最適な生活の場は「家庭」とされていますが、制度や支援が家族の多様化に対応できておらず、差別や偏見に苦しむ親子もいます。

また、核家族や共働き世帯が増え、祖父母も働く時代になりました。家族での交流がほとんどないという家庭もあります。2023（令和 5）年の婚姻件数は 47 万 4717 組、離婚件数は 18 万 3808 組[7]（前年比 4709 組増加）で、ひとり親家庭も増えています。地域との関係も希薄になり、親と教員以外の大人と親しくなる機会も少なくなりました。また、子どものコミュニケーションの場はインターネット空間が中心となっています。小学生（10 歳以上）でも 70.4 ％が専用のスマートフォンを所持しており、平均して 1 日で約 3 時間 46 分利用している[8]ことが、こども家庭庁の調査で明らか

＊7 厚生労働省「令和 5 年（2023）人口動態統計（確定数）の概況」p.3、2024 年
＊8 こども家庭庁「令和 5 年度 青少年のインターネット利用環境実態調査 調査結果（概要）」pp.8 〜 14、2024 年

になりました。家族や地域とのかかわりが失われ、空洞化しているという状況です。

（3）支援機関を利用したいと思わない子どもたち

子どもたちの誰もが「助けて」と言えるわけではありません。『子供・若者白書』によると、居場所がないと感じている子どもの約9割が「支援機関を利用したいと思わない」と回答しています[*9]。居場所の数が少ないと感じている子どもほど、困難な状態が改善した経験が少なく、また支援希望や支援機関の認知度等も低い傾向があることが指摘されています。支援機関の利用に際して、敷居の高さや大人への不信感を感じている子どももいます。

（4）スティグマや恥の問題

子ども・若者の自殺予防に取り組むNPO法人OVAの調査によれば、子ども・若者が支援を求められない理由で、最も多いものは、「スティグマや恥がある」でした。スティグマとは、日本語で「差別」や「優劣」などの意味です。その次に「情報発信の不足」「援助希求力が低い」が多くあげられました。国や行政機関はポスターやチラシ、インターネットを通じた情報発信に力を入れています[2]が、子ども・若者の多くは、「恥ずかしい」と考えているため、支援に繋がらないという課題があります。さらに差別や偏見は、例えばアパートへの入居や就職を断られたり、嫌がらせを受けて退職を余儀なくされたりするなど、重大な健康被害をもたらすとされています。イギリスの映画『わたしは、ダニエル・ブレイク』では、フードバンクを利用したことを理由に、母子家庭の子どもがいじめ被害に遭う場面があります。日本でも、子ども食堂や学習支援、フードバンクなど、さまざまな支援活動が行われていますが、恥ずかしさから利用をためらう場合があるのです。

（5）学校と児童福祉施設中心の支援体制

こども基本法では、大人は子どもの意見を尊重すること、子どもは社会のさまざまな活動に参加できることが定められています。これまでの子ど

---

2 **国や行政機関による情報発信**

国や行政機関は、オレンジリボン運動（児童虐待防止推進キャンペーン）、キミは一人じゃない（ヤング・テレホン・コーナー）、自殺対策（知らせてほしい、心のSOSなど）などの活動を通して情報発信を行っています。

[*9] 内閣府編『令和4年版 子供・若者白書』p.211、2022年

もの福祉政策では、学校や病院、児童福祉施設といった特定の拠点に専門職を配置して、教育や治療、支援等を提供する体制が整えられてきました。しかし、これは子どもが主体的に参加する場所を選べるしくみではありません。子どもと専門職の関係や役割も限定的となっています。多様な社会参加の機会を保障していくためには、学校や施設に限らず、子どもたちが「よい」と思う活動を認める必要があります。

（6）パターナリズム（父権主義）

　パターナリズムとは、二者関係のうち強い立場にある者が、弱い立場にある者の利益になると主張し、本人の意思は問わずに介入や干渉をすることをいいます。みなさんは、自分に関することは自分で選び、自分で決めることができていますか。自分のことを自分で決めることを「自己決定」といいます。2006年に採択された障害者の権利条約の理念にある「Nothing about us without us：私たち抜きに私たちのことを決めないで」というスローガンは、すべての人に必要な考え方といえるでしょう。選択が難しい子どもや障害者の場合は、「意思決定」の支援が重要となりますが、パターナリズムに注意が必要です。

　「子どもは弱い。だから、守ってあげるべき。できないことはやってあげるべき。決められないなら決めてあげないといけない」[*10]

　このような善意は、子ども本人から自己決定の機会を奪います。支援をする前に、本人が意思決定の主役であるという前提のもと、支援を考えることが重要です。

2　子ども自身が主体となり福祉を追求できる活動

　Section 2 では、子どもの権利と福祉という観点から、最善の利益原則と子どもの参画に注目してきました。子どもの最善の利益追求は、多様な社会参加の機会や子どもの意見尊重が保障されることが重要です。課題となるのは、子どもの参画です。2023（令和5）年4月にこども家庭庁が設

＊10 阿部泰之『正解を目指さない!?意思決定⇔支援 ── 人生最終段階の話し合い』南江堂、p.130、2019年

立され、こども基本法が施行されました。こども家庭庁は「こどもまんなか社会」の実現に向けて、インターネットでのアンケートや審議会などを通じて、子どもや若者の意見を聴きながら、こども施策を進めています。

こども家庭庁は、「こどもまんなか社会」の基本理念に沿った活動を行っている団体・個人を表彰するため、「未来をつくる こどもまんなかアワード」を創設しました。表彰された事業には、参画を保障し、子どもや若者自らが支援活動を展開するものもあります[*11]。それは、「児童は、人として尊ばれる。児童は、社会の一員として重んぜられる」活動のロールモデルといえるでしょう。今日からできる取り組みとして、「こどもまんなか応援サポーター」への参加があります。申請や届出も不要です。こどもまんなか宣言の趣旨に賛同し、SNSで「こどもまんなか」なアクションを「#（ハッシュタグ）**こどもまんなかやってみた**」とともに発信すれば、誰でもサポーターになることができます。

 Discussion Time

Chapter11での学習を振り返り、子どもの参画（意見表明権）や最善の利益追求について、次の児童福祉施設での事例から考えてみましょう。

事例

Gさん（高校1年生・女性）は、親から虐待を受けて、児童養護施設で暮らすことになりました。施設生活が始まったものの、施設はルールが厳しく、施設のいたるところに監視カメラが設置されており、Gさんを含む入所児童の行動は常に監視されています。また、女性の場合、18時以降の外出や外泊は認められません。異性との交流や交際、スマートフォンの所持は禁止で、自転車も施設内で行われる試験に合格しなければ使用できません。Gさんは、施設のルールに強い不満を感じていますが、職員に直接意見を言うことができません。あなたは、施設の職員として、Gさんの最善の利益を追求するために、どのように行動しますか。

＊11 福祉新聞WEB「こどもまんなかアワード初開催 こども若者支援で表彰」2023年12月7日

討論のヒント

子どもの参画という観点から、「表 11-2 子どもの参画の段階」（p.152）の指標をもとに、子どもの権利ノートや苦情解決制度など権利を守るためのしくみを検討してみましょう。

事後学習

保育者や大人が子どもを支援するのではなく、子どもが主体になって活動できる内容を考え、書き出してみましょう。

参考文献

- 阿部泰之『正解を目指さない!?意思決定⇔支援──人生最終段階の話し合い』南江堂、2019 年
- 警察庁「令和 5 年の犯罪情勢」2024 年
- 厚生労働省「令和 5 年（2023）人口動態統計（確定数）の概況」2024 年
- 厚生労働省自殺対策推進室・警察庁生活安全局生活安全企画課「令和 5 年中における自殺の状況」2024 年
- こども家庭庁「こども基本法とは？」2023 年
- こども家庭庁「こども大綱（令和 5 年 12 月 22 日閣議決定）【説明資料】」2023 年
- こども家庭庁「令和 4 年度 児童相談所における児童虐待相談対応件数（速報値）」2023 年
- こども家庭庁「令和 5 年度 青少年のインターネット利用環境実態調査 調査結果（概要）」2024 年
- 内閣府編『令和 4 年版 子供・若者白書』2022 年
- 福祉新聞 WEB「こどもまんなかアワード初開催 こども若者支援で表彰」2023 年 12 月 7 日
- 文部科学省「令和 4 年度 児童生徒の問題行動・不登校等生徒指導上の諸課題に関する調査結果の概要」2023 年
- ユニセフ・イノチェンティ研究所、公益財団法人日本ユニセフ協会広報室訳『イノチェンティ レポートカード 16 子どもたちに影響する世界──先進国の子どもの幸福度を形作るものは何か』公益財団法人日本ユニセフ協会、2021 年
- ロジャー・ハート、木下勇・田中治彦・南博文監、IPA 日本支部訳『子どもの参画──コミュニティづくりと身近な環境ケアへの参画のための理論と実際』萌文社、2000 年
- NPO 法人 OVA「トヨタ財団 2017 年度国内助成プログラム「声なき声」に支援を届ける──新たなアウトリーチ展開のための調査 調査報告書」2018 年

Chapter 12

少子化と地域子育て支援
～今日の保育制度～

児童憲章

二　すべての児童は、家庭で、正しい愛情と知識と技術をもって育てられ、
　　家庭に恵まれない児童には、これにかわる環境が与えられる。

七　すべての児童は、職業指導を受ける機会が与えられる。

　2023（令和5）年に生まれた子どもの数は72万7277人、合計特殊出生率
は1.20で、過去最低となっています[*1]。少子化の進行等に伴い、他者とかかわ
る機会、さまざまな社会文化や自然等の環境に触れる機会が、家庭の環境によっ
て左右されている現状が指摘されています[*2]。家庭や地域の状況など社会情勢
の変化が、子どもたちにどのような影響を与えるのかについて、考える必要があ
ります。政府から示された「こども未来戦略～次元の異なる少子化対策の実現に
向けて～」では、若い世代が希望どおり結婚し、希望する誰もが子どもをもち、
安心して子育てができる社会、子どもたちがいかなる環境、家庭状況にあっても、
分け隔てなく大切にされ、育まれ、笑顔で暮らせる社会の実現を図る、と掲げて
います[*3]。共働き家庭、ひとり親家庭など多様な子育て家庭を支える今日の教
育・保育制度は、子どもの福祉（幸せ）を実現できているでしょうか。

　Chapter12では、児童憲章に示されている、すべての子どもたちが「正しい
愛情と知識と技術をもって育てられる環境」になっているかどうかを考えながら、
子育て家庭を支える教育・保育体制について学びましょう。

事前学習

保育所、幼稚園、認定こども園の違いについて整理しておきましょう。

Section 1 少子化社会における保育の実施体制

ねらい

● 少子化社会において求められる教育・保育施設の役割について考えてみましょう。
● 教育・保育施設を利用するためのしくみについて理解しましょう。

「少子化社会に関する国際意識調査」によると、自国が子どもを生み育てやすい国だと思うか聞いたところ、日本では「全くそう思わない」（13.9％）と「どちらかといえばそう思わない」（47.2％）を合計した『そう思わない（計）』が61.1％と多数を占めました。一方、「とてもそう思う」と「どちらかといえばそう思う」を合計した『そう思う（計）』の割合は、スウェーデンが97.1％と高く、日本の38.3％を大きく上回っています[4]。

日本の子育て家庭が「子育てがしづらい」と感じる背景には、どのような課題があるのか、考える必要があります。

1 子育て家庭を支える

幼児期までは子どもにとって人生の最初期であるとともに、保護者（養育者）にとっても初めての養育経験の時期であるため、子育てにおける保護者への支援・応援が重要だといわれています。その際、保護者であれば

---

*1 厚生労働省「令和5年（2023）人口動態統計月報年計（概数）の概況」p.2、2024年
*2 「幼児期までのこどもの育ちに係る基本的なビジョン（はじめの100か月の育ちビジョン）」（令和5年12月22日閣議決定）p.6
*3 「こども未来戦略～次元の異なる少子化対策の実現に向けて～」（令和5年12月22日閣議決定）p.3
*4 内閣府子ども・子育て本部「令和2年度 少子化社会に関する国際意識調査報告書」p.12、2021年

子育てを上手に行うことができて当たり前であるといった考え方や、子育てにおいて誰かに頼ったり相談したりすることを恥ずかしいととらえるような価値観が社会にあることは否定できず、必要以上に保護者を追い込まないように留意する必要があります[*5]。

日本財団が行った「1万人女性意識調査」によると、『子育てにおいて大変だと思うこと』では、「経済的負担の増加」（42.1％）が最多となっており、「心配事の増加（いじめ、受験、非行など）」「自分の自由な時間の減少」「子どものしつけなど精神的ストレスの増加」「女性の負担が大きすぎる」が3割を超えていました。同調査における『家族・地域コミュニティに求める子育ての役割』については、「夫・パートナーの子育てへの積極的な参加」が5割を超え、次いで「地域ぐるみで子育てを支援する『子どもの居場所』などの整備」「資金面を含めた家族からの幅広い支援」が続きました[*6]。

コロナ禍において約7割（67.6％）の人が、人と直接会ってコミュニケーションをとることが「減った」と回答したという調査結果があります[*7]。子育てにおいては、保護者がどれだけ工夫をしてがんばっていても、うまくいかないこともあります。こうした社会情勢のなか、保護者が子育てのストレスや負担感を抱え込み、周囲の助けや協力を得られないまま孤立化することは、家庭内での子どもへの不適切な育児につながってしまう危険もあります。子育て家庭を支える教育・保育施設においては、先にあげられたような「子育てにおいて大変だと思うこと」を保護者が抱え込まないこと、「子育ての孤立化」をいかに予防できるかが重要になってきています。

2 子どものための教育・保育施設

幼児期の学校教育や保育、地域の子育て支援の量の拡充や質の向上をめざして、「子ども・子育て支援新制度」が2015（平成27）年に開始されました[*8]。

[*5] 「幼児期までのこどもの育ちに係る基本的なビジョン（はじめの100か月の育ちビジョン）」（令和5年12月22日閣議決定）p.18
[*6] 日本財団「1万人女性意識調査——少子化を背景とした女性の子育て意識」pp.31〜34、2023年
[*7] 内閣官房孤独・孤立対策担当室「人々のつながりに関する基礎調査（令和3年）調査結果の概要」p.59、2022年

これにより、保育所、認定こども園、幼稚園に対する「施設型給付」と、少人数で行われる小規模保育事業等に対する「地域型保育給付」が創設されました。対象年齢と利用時間、利用できる保護者については、以下の表12-1のとおりです。

表12-1 施設型給付・地域型保育給付の対象と利用時間

	幼稚園	認定こども園		保育所	地域型保育
内容	小学校以降の教育の基礎をつくるための幼児期の教育を行う学校	幼稚園と保育所の機能や特長をあわせもち、地域の子育て支援も行う施設		就労などのため家庭で保育のできない保護者に代わって保育する施設	保育所（原則20人以上）より少人数の単位で、0〜2歳の子どもを保育する事業
年齢	3〜5歳	0〜2歳	3〜5歳	0〜5歳	0〜2歳
利用時間	昼過ぎごろまでの教育時間に加え、土曜日、夏休みなどの長期休業中の預かり保育などを実施	夕方までの保育のほか、園により延長保育を実施	昼過ぎごろまでの教育時間に加え、保育を必要とする場合は夕方までの保育を実施	夕方までの保育のほか、園により延長保育を実施	夕方までの保育のほか、園により延長保育を実施
利用できる保護者	制限なし	共働き世帯、親族の介護などの事情で保育のできない保護者※保育の必要性	制限なし	共働き世帯、親族の介護などの事情で保育のできない保護者※保育の必要性	共働き世帯、親族の介護などの事情で保育のできない保護者※保育の必要性

出典：内閣府・文部科学省・厚生労働省「子ども・子育て支援新制度なるほどBOOK（平成28年4月改訂版）」pp.3〜4、2016年をもとに筆者作成

（1）教育・保育を利用する

　教育・保育を利用するにあたっては、3つの認定区分（1号認定〜3号認定）が設けられており、保護者からの申請を受けた市町村が「保育の必要性」を認定したうえで、「施設型給付」が行われるしくみになっています（図12-1）。

　「保育の必要性」の認定にあたっては、①「事由」（保護者の就労、疾病など）、②「区分」（保育標準時間、保育短時間）、について国が基準を設定しています（図12-2）。実際の運用にあたっては、市町村ごとにさらに詳細な設定を行うなど、保育の必要性について優先順位がつけられています。

＊8 内閣府・文部科学省・厚生労働省「子ども・子育て支援新制度なるほどBOOK（平成28年4月改訂版）」p.1、2016年

図12-1　認定区分と利用できる施設

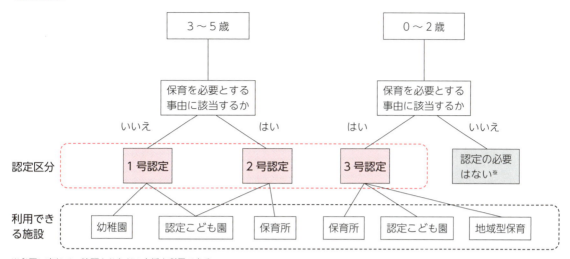

※必要に応じて一時預かりなどの支援を利用できる
出典：内閣府・文部科学省・厚生労働省「子ども・子育て支援新制度なるほどBOOK（平成28年4月改訂版）」p.5、2016年をもとに筆者作成

図12-2　保育の必要性の認定

①事由	②区分	③優先利用
1．就労 2．妊娠・出産 3．保護者の疾病・障害 4．同居親族等の介護・看護 5．災害復旧 6．求職活動 7．就学 8．虐待やDVのおそれがあること 9．育児休業取得時に、既に保育を利用していること 10．その他市町村が定める事由	1．保育標準時間 2．保育短時間	1．ひとり親家庭 2．生活保護世帯 3．生計中心者の失業により、就労の必要性が高い場合 4．虐待やDVのおそれがある場合など、社会的養護が必要な場合 5．子どもが障害を有する場合 6．育児休業明け 7．兄弟姉妹（多胎児を含む）が同一の保育所等の利用を希望する場合 8．小規模保育事業などの卒園児童 9．その他市町村が定める事由

（①事由）×（②区分）×（③優先利用）

出典：内閣府子ども・子育て支援新制度施行準備室「子ども・子育て支援新制度について」p.30、2014年をもとに筆者作成

図12-3 保育の必要量

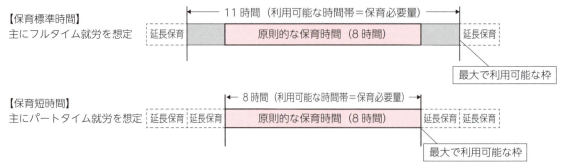

出典：内閣府子ども・子育て支援新制度施行準備室「子ども・子育て支援新制度について」p.29、2014年をもとに筆者作成

保育時間については、主にフルタイムの就労を想定した「保育標準時間」と、主にパートタイムの就労を想定した「保育短時間」の大括りが設定されています（図12-3）。

（2）幼児教育・保育の無償化

幼児教育・保育の負担軽減を図る少子化対策を趣旨として、2019（令和元）年5月に子ども・子育て支援法の一部を改正する法律が成立し、同年10月から「幼児教育・保育の無償化」が実施されています。「無償化」というインパクトのある言葉ですが、子どもの年齢や利用する施設により異なります。実際の対象者とその範囲は以下のようになります[*9]。

【幼稚園、保育所、認定こども園、地域型保育、企業主導型保育】

3〜5歳の場合

- 利用料を無償化。
  （施設給付を受けない幼稚園等については月額上限2.57万円まで無償化）
- 通園送迎費、食材料費、行事費などは無償化の対象外。
- 開始年齢は、原則として小学校就学前の3年間を無償化。
  ただし、幼稚園については満3歳から無償化。

0〜2歳の場合

- 住民税非課税世帯を対象として無償化。

---

*9 こども家庭庁「幼児教育・保育の無償化」 https://www.cfa.go.jp/policies/kokoseido/mushouka

Section 1 少子化社会における保育の実施体制

【幼稚園の預かり保育】

・保育の必要性の認定を受けた場合、幼稚園に加え、利用実態に応じて、月額 1.13 万円までの範囲で無償化。

【認可外保育施設等】

3～5 歳の場合

・保育の必要性の認定を受けた場合、認可保育所における保育料の全国平均額（月額 3.7 万円）までの利用料を無償化。

（認可外保育施設のほか、一時預かり事業、病児保育事業およびファミリー・サポート・センター事業が対象）

0～2 歳の場合

・保育の必要性の認定を受けた住民税非課税世帯の子どもたちを対象として、月額 4.2 万円までの利用料を無償化。

【就学前の障害児の発達支援】

・就学前の障害児の発達支援を利用する子どもたちについて、利用料を無償化。

・幼稚園、保育所、認定こども園等と発達支援の両方を利用する場合は、ともに無償化の対象。

（3）地域型保育を利用する

　地域型保育事業とは、保育所（原則 20 人以上）より少人数の単位で、0～2 歳児を保育する事業です。子ども・子育て支援新制度では、「小規模保育」「家庭的保育」「居宅訪問型保育」「事業所内保育」を市町村による認可事業（地域型保育事業）として児童福祉法に位置づけ、「地域型保育給付」の対象として、利用者が選択できるしくみとなっています（表12-2）。

　なお、地域型保育は小規模かつ原則として 0～2 歳児を対象としていることから、保育内容の支援や卒園後の受け皿の役割を担う連携施設（保育所、幼稚園、認定こども園）が設定されています。

表12-2　地域型保育給付

小規模保育	家庭的保育
少人数（定員6〜19人）を対象に、家庭的保育に近い雰囲気のもと、保育を行います。A型（保育所分園に近い類型）、C型（家庭的保育に近い類型）、B型（中間型）の3類型が設けられています。	家庭的保育者（市町村長が行う研修を修了した保育士、保育士と同等以上の知識および経験を有すると市町村長が認める者）の居宅その他の場所において、少人数（定員5人以下）を対象に保育を行います。
居宅訪問型保育	**事業所内保育**
障害・疾患などで個別のケアが必要な場合や、施設がなくなった地域で保育を維持する必要がある場合などに、保護者の自宅において、1対1で保育を行います。	会社の事業所の保育施設などで、従業員の子どもと地域の子どもを一緒に保育します。定員20名以上の場合は保育所の基準と同様に、定員19名以下の場合は小規模保育事業A型・B型の基準のもと保育を行います。

出典：内閣府・文部科学省・厚生労働省「子ども・子育て支援新制度なるほどBOOK（平成28年4月改訂版）」p.4、2016年、内閣府子ども・子育て支援新制度施行準備室「子ども・子育て支援新制度について」pp.44〜45、2014年をもとに筆者作成

Section 2　保育制度の課題と展望

ねらい

● 多様な子育て家庭を支える保育制度について、現在の課題を把握しましょう。
● すべての子どもの福祉（幸せ）を実現するための保育制度の在り方について考えてみましょう。

1　保育士配置基準の見直し

　昨今の幼児教育・保育の現場での子どもをめぐる事故や不適切な対応事案などにより、子育て世帯が不安を抱えていることから、安心して子どもを預けられる体制整備を急ぐ必要があるとして、「こども未来戦略～次元の異なる少子化対策の実現に向けて～」において職員配置基準改善が以下のように示されました[*10]。なお、4・5歳児については、制度発足以来75年ぶりの見直しとなります。

【4・5歳児】
　2024年度から、30対1から25対1への改善を図り、それに対応する加算措置を設ける。また、これと併せて最低基準の改正を行う（経過措置として当分の間は従前の基準により運営することも妨げない）。
【1歳児】
　2025年度以降、保育人材の確保等の関連する施策との関係も踏まえつつ、加速化プラン期間中の早期に6対1から5対1への改善を進める。

　ただし、加算措置によって、どの程度、保育士配置が改善されるのか、

[*10]「こども未来戦略～次元の異なる少子化対策の実現に向けて～」（令和5年12月22日閣議決定）p.19

また経過措置はいつまでなのかといった課題や、現在の保育士不足や保育士の処遇改善等の問題は残されたままです。保育士配置基準の75年ぶりの見直しは、改善に向けた第一歩ではありますが、今後も注意して経過を見守る必要があります。

2 すべての子どもを対象とした保育の拡充

0〜2歳児の約6割が未就園児であること、子育て家庭の多くが「孤立した育児」のなかでの不安や悩みを抱えており、支援の強化を求める意見があることを受けて、「こども誰でも通園制度（仮称）」が創設されました。これは、月一定時間までの利用可能枠のなかで、就労要件を問わず時間単位等で柔軟に利用できる新たな通園給付です。2025（令和7）年度からの制度化に向け、制度実施の在り方について検討が進められています。また、2024（令和6）年4月現在、全国の115の自治体でモデル事業が行われています。

この制度の意義としては、子どもが家庭とは異なる経験や家族以外の人とかかわる機会となること、孤立感や不安感を抱える保護者の負担感の軽減、保育者から子どものよいところや成長等を伝えられることにより子どもと保護者の関係性にもよい効果が期待できること、利用状況を自治体が把握でき支援が必要な家庭の把握などにつながること、等があげられています[11]。一方で、受け皿となる保育所等の確保、保育士人材の確保、保育現場の負担とならないための人員配置、保育の場での生活に慣れていない子どもへの配慮といった課題をクリアする必要があります。

---

[11] こども誰でも通園制度（仮称）の本格実施を見据えた試行的事業の在り方に関する検討会「こども誰でも通園制度（仮称）の本格実施を見据えた試行的事業の在り方に関する検討会における中間取りまとめについて」pp.3〜6、2024年

⏰ Discussion Time

次の事例について意見交換してみましょう。

事例① Hさんの場合

　Hさんは大学を卒業後、就職先で同期入社だった夫と結婚しました。結婚して1年後には娘が誕生し、Hさんは1年間の育児休業を経て「時短勤務」を利用して職場に復帰しました。

　夫は帰宅が遅いため、娘の保育所の送迎はHさんが行っています。勤務を終えるとその足で娘を迎えに行き、娘を連れてスーパーへ食材を買いに行きます。帰宅後は娘の離乳食とHさんの食事をつくります。夕食の準備をしていると、娘が「だっこ、だっこ」と抱っこをせがむことが多く、なかなか思うように準備が進みません。夕食を娘に食べさせながら、自分の食事を慌ただしくすませると、すぐにお風呂の時間です。お風呂をすませて寝かしつけをしていると、夫が帰宅します。娘が眠った後、夫の食事をつくり、保育所の連絡帳を確認しながら翌日の持ち物を準備します。

　Hさんは、子育てと仕事の両立のために時短勤務で復帰しましたが、以前のように仕事を任せてもらえなくなったこと、住宅ローンの返済があるが時短勤務のために給与が減っていることに不安を感じています。

💡 討論のヒント

　保育所から帰宅後の家庭での生活について、保育者が想像力をはたらかせる必要があります。

事例② Jさんの場合

　Jさんは大学卒業後、外資系IT企業に10年勤務した後に結婚し、息子を授かりました。夫は海外に単身赴任中ですが、キャリアを大事にしたいと考えていたJさんは、息子が生後8か月のときにフルタイムで職場復帰しました。

　0歳児クラスの空きがある保育所を何とか見つけましたが、息子は頻繁に発熱するなど体調を崩すことが多く、何度も保育所から職場に電話がかかってくるため、仕事を早退しなくてはなりません。Jさんはそのたび

Chapter 12 少子化と地域子育て支援〜今日の保育制度〜

に仕事を持ち帰り、息子を保育所に迎えに行き、小児科を受診します。息子が寝た後、持ち帰った仕事に取りかかります。ところが息子の夜泣きが多く、夜泣きの対応をしているうちに朝を迎えてしまうこともたびたびあります。Jさんは寝不足の状態が続き、次第に息子が体調を崩すたびにイライラするようになりました。「仕事も子育ても中途半端になっているのではないか」と不安になり、涙が止まらなくなることもあります。

💡 討論のヒント

「子育てと仕事の両立」の課題について考えてみましょう。

事後学習

子育て家庭が求める教育・保育施設の役割について考えてみましょう。
可能であれば、子育て中の保護者にインタビューしてみましょう。

参考文献

- 「家庭的保育事業ガイドライン」(平成 21 年 10 月 30 日雇児発 1030 第 2 号)
- 厚生労働省「令和 5 年(2023)人口動態統計月報年計(概数)の概況」2024 年
- こども家庭庁「幼児教育・保育の無償化」 https://www.cfa.go.jp/policies/kokoseido/mushouka
- こども誰でも通園制度(仮称)の本格実施を見据えた試行的事業実施の在り方に関する検討会「こども誰でも通園制度(仮称)の本格実施を見据えた試行的事業実施の在り方に関する検討会における中間取りまとめについて」2024 年
- 「こども未来戦略〜次元の異なる少子化対策の実現に向けて〜」(令和 5 年 12 月 22 日閣議決定)
- 内閣官房孤独・孤立対策担当室「人々のつながりに関する基礎調査(令和 3 年)調査結果の概要」2022 年
- 内閣府子ども・子育て支援新制度施行準備室「子ども・子育て支援新制度について」2014 年
- 内閣府子ども・子育て本部「令和 2 年度 少子化社会に関する国際意識調査報告書」2021 年
- 内閣府・文部科学省・厚生労働省「子ども・子育て支援新制度なるほど BOOK(平成 28 年 4 月改訂版)」2016 年
- 日本財団「1 万人女性意識調査——少子化を背景とした女性の子育て意識」2023 年
- 「幼児期までのこどもの育ちに係る基本的なビジョン(はじめの 100 か月の育ちビジョン)」(令和 5 年 12 月 22 日閣議決定)

Chapter 13

多様な保育ニーズへの対応（1）

児童憲章

十一　すべての児童は、身体が不自由な場合、または精神の機能が不十分な場合に、適切な治療と教育と保護が与えられる。

　現代の日本においては、すべての子どもとその家族が社会から取り残されることなく、笑顔で生活できる社会の実現が期待されています。

　こうした社会を実現するため、すべての子どもやその家族が、個々に必要とする支援を受けながら、自分らしい生活を送ることができるよう、国や地方自治体は社会サービスの整備を進めることが必要となります。

　Chapter13 では、保護者が仕事と育児を両立させるための一つの施策である、病気の子どもを一時的に預かる体制の整備について理解を深めます。また、医療技術の進歩等にともない近年増加傾向がみられる、喀痰吸引や経管栄養が欠かせない子どもたちとその家族を包摂することができる社会をつくるため、どのような制度が整えられつつあるのか理解を深めます。

事前学習

自分が住んでいる市町村の「病児・病後児保育」について調べてみましょう。

Section 1 病児・病後児保育

ねらい

● 病児・病後児保育がなぜ必要とされているのかについて学びます。
● 病児・病後児保育の類型について把握しましょう。
● 病児・病後児保育の支援内容について理解しましょう。

1 病気の子どもへの保育が必要とされる背景

　集団保育の場や学校では一般的に、子どもが発熱したりインフルエンザやおたふくかぜなどの感染症にかかったりした場合には、登園・登校することはできず、自宅での療養を求められます。

　しかし、共働き家庭や核家族が増えている現代社会においては、子どもが急に発熱した際に保護者が仕事を休めず、代わりに子どもを看病してくれる親戚など、頼れる人も近くにいないという場合もあり、病気の子どもの保育ニーズが高まってきています。また、子どもは、病気のなかにあっても心や体が発達しています。したがって、病気の子どもはただ寝かせておけばよいというものではなく、一人ひとりの子どもの発達段階や症状を踏まえたかかわりや遊びの提供が必要となります。

　そこで、このような状況にある病気の子どもを一時的に預かり、子どもの利益につなげるとともに、保護者の子育てを支援するため、保育士や看護師等の専門家集団による保育サービスが提供されています。

2　病児・病後児保育事業とは

　病気になった子どもを一時的に預かって保育するサービスとして、病児・病後児保育があります。病児・病後児保育事業は、児童福祉法において、「保育を必要とする乳児・幼児又は保護者の労働若しくは疾病その他の事由により家庭において保育を受けることが困難となつた小学校に就学している児童であつて、疾病にかかつているものについて、保育所、認定こども園、病院、診療所その他内閣府令で定める施設において、保育を行う事業をいう」と規定されています（第6条の3第13項）。この事業は病児への保育サービスではありますが、利用対象には小学生も含まれます。なお、障害や慢性疾患による特別な対応を必要とする子どもは利用対象にはなりません。

　子ども・子育て支援法では、病児・病後児保育事業を地域子ども・子育て支援事業の一つに位置づけており、病児・病後児保育事業の実施主体は、市町村（特別区及び一部事務組合を含む）になります。ただし、市町村の認可を受けた事業者への委託等が可能です。

　児童福祉法に基づく病児・病後児保育事業は、国等からの補助金で運営されるため低料金で利用することができます。一方、民間が独自に行う病児病後児保育サービスもありますが、料金が比較的高額となります。

　ここからは、児童福祉法に基づく病児・病後児保育事業についてさらに詳しくみていきます。

3　病児・病後児保育事業の類型

　病児・病後児保育事業では、病気の子どもの状態に応じて対応するため、「病児対応型」「病後児対応型」「体調不良児対応型」「非施設型（訪問型）」「送迎対応」という5つの類型があります。

（1）病児・病後児保育事業の事業類型
①病児対応型
　当面の症状の急変が認められないが、病気の回復期に至らない状態であ

る子どもを一時的に保育する事業です。

②病後児対応型

　病気の回復期であり、さらに、集団保育が困難な子どもを一時的に保育する事業です。

③体調不良児対応型

　子どもが保育中に微熱を出すなど体調不良となった場合において、保護者が迎えに来るまでの間、体調不良児が安全な環境で安心して過ごせるように対応型で安心安全な体制を確保することで、保育所などにおける緊急的な対応を図り、保育所等に通所する子どもに対しての保健的な対応や地域の子育て家庭や妊産婦等に対する相談支援を実施する事業です。

④非施設型（訪問型）

　子どもが回復期に至らない場合、または、回復期であって集団保育が困難な場合、看護師等が自宅に訪問し、一時的に保育する事業です。

⑤送迎対応

　保育所等での保育中に微熱が出たなど、体調不良となった子どもを送迎し、一時的に保育することを可能とする事業です。

（2）病児・病後児保育事業の人員配置や設備等に関する基準

　病児・病後児保育事業の事業類型ごとに、人員配置や設備等に関する基準が設けられています（表13-1）。

表13-1　病児・病後児保育事業の実施要件

	①病児対応型	②病後児対応型	③体調不良児対応型	④非施設型(訪問型)	⑤送迎対応
実施場所	病院・診療所、保育所等に付設された専用スペース、本事業のための専用施設	病院・診療所、保育所等に付設された専用スペース、本事業のための専用施設	保育所または医務室が設けられている認定こども園、小規模保育事業所、事業所内保育事業所の医務室、余裕スペース等	利用児童の居宅	①～③を実施している病院・診療所、保育所等に付設された専用スペース、本事業のための専用施設
職員の配置	看護師等：利用児童おおむね10人につき1名以上 保育士：利用児童おおむね3人につき1名以上	看護師等：利用児童おおむね10人につき1名以上 保育士：利用児童おおむね3人につき1名以上	看護師等：常時1名以上	一定の研修を修了した看護師等、保育士、研修により市町村長が認めた者のいずれか1名以上	保育所等から送迎を行う際、看護師等または保育士が同乗する
その他留意事項			預かる病児・病後児の人数は、看護師等1名に対して2名程度		タクシーによる送迎が原則

出典：「病児保育事業実施要綱」（平成27年7月17日雇児発0717第12号）をもとに筆者作成

4 病児・病後児保育の利用について

　病児・病後児保育の利用方法は、市町村によって異なりますが、ここでは一般的な流れを紹介します（表13-2）。病児・病後児保育の利用を希望する際には、病児・病後児保育を行っている事業所に直接申し込みますが、利用には事前に役所での登録が必要であるところや、事業所への利用申し込みにおいても事前（当日または前日）の予約を必要とするところが多いです。自分が住んでいる自治体のホームページなどで確認できます。

　なお、病児・病後児保育の実施は努力義務とされていることから、実施していない市町村や、他の市町村と共同で実施している市町村もあります。

表13-2　病児・病後児保育の利用までの一連の流れ（例）

ステップ1	事前に役所にて病児・病後児保育の利用者登録をする。
ステップ2	実際に子どもが病気になった場合に、利用希望日の前日または当日に病児・病後児保育事業所に予約の申し込みをする。
ステップ3	かかりつけ医に受診し、医師に利用連絡書を記入してもらう。
ステップ4	予約申し込みをした病児・病後児保育事業所へ医師の診断結果や利用連絡書の内容を伝える。
ステップ5	病児・病後児保育事業所に子どもを預ける。

5 病児・病後児保育の支援内容

　子どもは、病気になると、健康な時とは異なり、病気による痛み・不快感から不安な気持ちを抱えやすく、生き生きとした本来の心理状態とは異なります。病児・病後児保育においては、一人ひとりの子どもの発達の特徴を把握するとともに、体調をよく観察し、病気から生じる子どものこころの変化の理解に努め、子どもが発するメッセージをしっかりと受け止めることが大切です。また、病児・病後児保育では、定期的な体温測定、こまめな水分補給や排泄のチェック、与薬といった体調管理、子どもの状態に合わせた遊び、身の回りのケアなどが提供されます（表13-3）。医師による回診あるいは診察を行っている事業所もあります。なお、昼食やおや

つについては、提供される事業所と、持参が必要な事業所があります。

　病児・病後児保育事業所は、子どもが病気や回復期のときだけ利用する場所であるため、初めてや数回目の利用で場所の雰囲気に慣れない子どももいます。また、体調がすぐれず、泣き続けたり、機嫌が悪かったりする子どももみられます。

　病児・病後児保育事業所の保育士は、基本的には医療行為にかかわることはありませんが、看護師と連携しながら子どもの様子を見守り、検温などの体調チェックや身の回りのケア、子どもの体調に配慮した遊びを提供し、子どもが安心・安全に過ごせるように細心の注意を払ってこころとからだのケアをします。遊びの提供に関しては、子どもの症状や安静にしなければならない程度、発達段階など、その時の子どもの姿に合わせたものになります。安静を必要とする子どもには絵本の読み聞かせや歌遊び、ペープサートなど、回復期でほとんど通常の生活が可能な子どもにはブロック遊びや粘土遊び、ゲーム遊び、ぬり絵、折り紙、製作などが行われます。

　なお、病気や回復期の子どもたちは、病気によるつらさに加えて、保護

表13-3　病児・病後児保育の一日の主な流れ（例）

時間	内容
7：30〜	順次登室（受付） 保護者からの引き継ぎ 視診・検温 体調に合わせた遊び（あるいは布団で横になる）
9：00〜	おやつ
10：00〜	体調に合わせた遊び（あるいは布団で横になる）
11：30〜	検温 昼食 与薬
12：30〜	午睡 保護者への経過報告 保育記録の作成
15：00〜	検温 おやつ 体調に合わせた遊び（あるいは布団で横になる）
〜18：00	お迎え 保護者への引き継ぎ

※病児・病後児保育においては、各事業所で設定されているタイムスケジュールは、あくまでも目安であり、子どもの様子に応じて柔軟に対応されます。

者と離れていつもと違う環境で不安な気持ちを抱えています。子どもが安心して体を休めることができるよう、子どもの気持ちに寄り添うていねいなかかわりをもつことが大切です。

そのほか、お迎えに来た保護者に事業所での子どもの姿を伝えるとともに、保護者の不安や悩みを聴いて保護者の気持ちに寄り添い子どもの病気への適切な対応ができるようにアドバイスをすることなども重要です。

写真13-1 病児・病後児保育の様子

6 ファミリー・サポートセンター事業による病気の子どもの預かり

病児・病後児保育事業のほかにも、多様な保育ニーズに対して地域住民による相互扶助で対応することを目的とする子育て援助活動支援事業（ファミリー・サポートセンター事業[1]）において、2009（平成21）年度から、病児・病後児緊急対応強化事業として、病児や病後児を一時的に預かることができるようになっています。

[1] ファミリー・サポートセンター事業

乳幼児や小学生等の子どもを子育て中の保護者等を会員として、子どもの預かりの援助を受けたい者と行いたい者との相互援助活動に関する連絡、調整等を行う事業です。

Section 2 医療的ケア児への対応

> **ねらい**
> ● 医療的ケア児に関する法制度について学びましょう。
> ● 医療的ケア児が保育所等で過ごすための支援について理解しましょう。

1 医療的ケア児に関する制度の変遷

　医療技術の進歩により、医療が必要でありながら、自宅で生活できる子どもが増加し、医療的ケアのニーズが福祉や教育の場にも広がっています。医療的ケアとは、日本独自の概念として教育分野から誕生したものであり、医師や看護師などが行う医療行為とは区別され、日常的に行う医療的生活援助行為（喀痰吸引や経管栄養の実施など）のことです。こうした医療的ケアを必要とする子どもは、医療的ケア児と呼ばれています。医療的ケア児の受け入れは社会的課題となっており、特に保育所や障害児通所支援事業所、幼稚園、小中学校に対して、医療的ケア児とその家族が安心して生活し、学び、成長できるような体制を整備することが求められています。

　2011（平成23）年の社会福祉士及び介護福祉士法の一部改正にともない、所定の研修（喀痰吸引等研修）を修了し、たんの吸引等の業務の登録認定を受けた介護職員等が、一定の条件下で特定の医療的ケアを実施できるようになりました。この改正を受けて、保育士等の職員でも、特定の医療的ケアを法律に基づいて実施することが可能となりました。

　こうしたなか、2016（平成28）年には、児童福祉法が改正され、すべての子どもたちが適切な養育を受ける権利を有し、健やかな成長と発達を遂げ、自立を保障される権利の主体であることが明記されるとともに、障害者の日常生活及び社会生活を総合的に支援するための法律（障害者総合支援法）が改正され、医療的ケア児への対応が地方公共団体の努力義務とされました。

この障害者総合支援法の改正を受けて、「医療的ケア児の支援に関する保健、医療、福祉、教育等の連携の一層の推進について」では保健、医療、障害福祉、教育と並んで、保育関係においても、「医療的ケア児についてもそのニーズを受け止め、これを踏まえた対応を図っていくことが重要である」と述べられました。

ただし、医療的ケアに対応できる専門的な人材やサービスの不足等で子どもの受け入れ先が限られており、家族の負担の重さから、保護者が失業したり、新たな就労を断念せざるを得ない状況などは改善されませんでした。そこで、2019（平成31）年から、医療的ケア児とその家族への支援環境の整備および地域生活支援の向上を目的として、医療的ケア児等総合支援事業[2]が実施されました。

さらに、2021（令和3）年6月には、医療的ケア児及びその家族に対する支援に関する法律（医療的ケア児支援法）が公布され、同年9月に施行されました。

2 医療的ケア児支援法

医療的ケア児支援法では、「医療的ケア児及びその家族に対する支援に関し、基本理念を定め、国、地方公共団体等の責務を明らかにするとともに、保育及び教育の拡充に係る施策その他必要な施策並びに医療的ケア児支援センターの指定等について定めることにより、医療的ケア児の健やかな成長を図るとともに、その家族の離職の防止に資し、もって安心して子どもを生み、育てることができる社会の実現に寄与すること」を目的としています（第1条）。

本法において、医療的ケア児への支援が、国や地方公共団体の努力義務ではなく責務として定められたことは画期的なことです。また、保育所や認定こども園の設置者、家庭的保育事業等を営む者、放課後児童健全育成事業を行う者、学校の設置者に対しても、利用している医療的ケア児のために適切な支援を行うことが責務となりました。医療的ケア児が、健常児と同様に、多くの子どもとのかかわりのなかで発達できる保育や教育を受けられるための体制の整備拡充が期待されます。

第2条では、「医療的ケア」を「人工呼吸器による呼吸管理、喀痰吸引

---

2 医療的ケア児等総合支援事業

医療的ケア児等の支援を総合調整する者の配置、地方公共団体における協議の場の設置など、地方公共団体の支援体制の充実を図るとともに、医療的ケア児等とその家族の日中の居場所づくりや活動の支援を総合的に実施する事業です。

Chapter **13**
多様な保育ニーズへの対応（1）

177

その他の医療行為」と定めるとともに、「医療的ケア児」を「日常生活及び社会生活を営むために恒常的に医療的ケアを受けることが不可欠である児童」とし、ここには18歳未満の者に加え、18歳以上の者であって高等学校、中等教育学校の後期課程、特別支援学校の高等部に在籍する者も含まれることが示されています。

3 保育所等での医療的ケア児の支援に関するガイドライン

2021（令和3）年には、医療的ケア児支援法の施行に合わせ、厚生労働省から、地方公共団体に対して、医療的ケア児の受け入れに関する基本的な考え方や留意事項が記載された「保育所等での医療的ケア児の支援に関するガイドライン」が策定されました。

地方公共団体は、このガイドラインを参考にして、独自のガイドラインを策定し、医療的ケア児の保育にあたっての基本的な考え方、保育所で医療的ケアを行いながら保育を実施する場合の保護者・保育所等の留意点などについて定め、保育所等での医療的ケア児への安定・継続した支援体制を構築することが可能となりました。

なお、ガイドラインでは、医療的ケア児の受け入れに関して、保育所等における医療的ケアの提供体制を次のように5つのパターンに分けて提示しています。

保育所等における医療的ケアの提供体制
①すでに保育所等に配置されている看護師が行う
②新たに看護師を保育所等に配置して行う
③市区町村に所属する看護師が巡回して行う
④保育所等を管轄する市区町村から委託を受けた訪問看護事業所や児童発達支援事業所等の看護師が行う
　注）保育所や学校に配置する看護師について、看護師の派遣を訪問看護ステーションに委託することも可能となっている。
⑤喀痰吸引等研修を受けた保育士等が行う

178　Section 2　医療的ケア児への対応

4 保育所での医療的ケア児への支援のあり方

　保育所等に通園していても、看護師等の配置が十分でないために、保護者が医療的ケア児に常に付き添っている場合もあります。こうした負担を軽減し、医療的ケア児が家族の付き添いなしで通園できるためにも、看護師や研修を受けた保育士の確保は重要な課題です。また、医療機関ではない保育所等の集団生活での医療的ケアの提供には、主治医との連携がより重要となります。なお、保育士と看護師の間では、医療的ケア児の安全を優先するのか、活動への参加を重視するのかという点で両者の見解に相違が生じる場合もありますが、子どものウェルビーイングを高めるという方向性をもって話し合い、医療的ケア児の体調や状況を踏まえて工夫をしていくことが大切です。また、医療的ケア児をはじめとするすべての子どもにとって、保育所等が安心して自己実現できる楽しい居場所になるよう、保育士・看護師ともに個々の子どもに寄り添い続けることが求められます。

5 医療的ケア児支援センター

　各都道府県は、医療的ケア児とその家族のさまざまな悩みごとに対して専門的にその相談に応じることのできるワンストップの窓口である、医療的ケア児支援センターを設置することができます。センターの設置は義務づけられているものではありませんが、2024（令和6）年2月現在、すべての都道府県において医療的ケア児支援センターが設置されています。

　医療的ケア児支援センターが行うことができる業務は、医療的ケア児支援法第14条第1項によると、①医療的ケア児およびその家族その他の関係者に対し、専門的に、その相談に応じ、または情報の提供もしくは助言その他の支援を行うこと（第1号）、②医療、保健、福祉、教育、労働等に関する業務を行う関係機関および民間団体ならびにこれに従事する者に対し医療的ケアについての情報の提供および研修を行うこと（第2号）、③医療的ケア児およびその家族に対する支援に関して、医療、保健、福祉、教育、労働等に関する業務を行う関係機関および民間団体との連絡調整を行うこと（第3号）の3つです。

Chapter **13**

多様な保育ニーズへの対応(1)

6 医療的ケア児等コーディネーター

　医療的ケア児のウェルビーイングを高めることを念頭においた支援を行うためには、医療サービスだけでなく、保健、医療、福祉、教育等の多分野にわたるサービスを状況に応じて活用することが必要です。地域における医療的ケア児等への支援を総合調整するコーディネーターの役割と、医療的ケア児のための地域づくりの役割を担う専門家が、医療的ケア児等コーディネーターです。地方公共団体により実施される養成研修を修了した相談支援専門員、保健師、訪問看護師等が、医療的ケア児等コーディネーターになります。

　医療的ケア児等コーディネーターは、医療的ケア児支援センターのほか、相談支援事業所や児童発達支援センター等に配置され、医療的ケア児とその家族に寄り添うキーパーソンとして、関係機関との調整を行います。

⏰ Discussion Time

課題①　医療的ケア児が、保育所や認定こども園などにおいて、同年齢・異年齢の子どもたちとともに過ごし、保育者とかかわることは、医療的ケア児をはじめ、保護者や健常児にとってどのようなメリットがあるでしょうか。Chapter13 での学習を振り返り、話し合ってみましょう。

💡 討論のヒント

　インクルーシブの視点からも考えてみましょう。

課題②　次の事例を読み、医療的ケア児の家族を支えるという視点から、保育者としてできることについて考えてみましょう。

事例

　Kちゃん（5歳・女児）は保育所に通っています。Kちゃんのお兄さんのLくんは、人工呼吸器を使用して生活している医療的ケア児です。Kちゃんの家庭では、Lくんが中心の生活になっており、Kちゃんのお母さんやお父さんはいつもLくんにかかりきりです。また、家族でレジャー等に出かけることもほとんどありません。Kちゃんは、両親の大変さを近くで見ていることもあり、家庭では無理をして「いい子」を演じている様子です。

　Kちゃんの担任保育者として、配慮すべき点について話し合ってみましょう。

討論のヒント

　他職種や地域サービスとの連携について考えてみましょう。また、医療的ケア児の兄弟姉妹へのケアの必要性についても話し合ってみましょう。

事後学習

　保育所に通っている医療的ケア児とその家族に対して、その保育所の保育者はどのようにかかわる必要があるのかをまとめてみましょう。

参考文献

- 「医療的ケア児の支援に関する保健、医療、福祉、教育等の一層の推進について」（平成28年6月3日医政発0603第3号、雇児発0603第4号、障発0603第2号、府子本第377号、28文科初第372号）
- 「病児保育事業実施要綱」（平成27年7月17日雇児発0717第12号）
- 保育所等における医療的ケア児への支援に関する研究会「令和2年度子ども・子育て支援推進調査研究事業「保育所等における医療的ケア児の受入れ方策等に関する調査研究」保育所等での医療的ケア児の支援に関するガイドライン」2021年

Chapter 14

多様な保育ニーズへの対応 (2)

児童憲章

十二　すべての児童は、愛とまことによつて結ばれ、よい国民として人類の平和と文化に貢献するように、みちびかれる。

　ここ10年ほどで、「多文化共生社会」という言葉が浸透したり、SDGs（持続可能な開発目標）の１つに「ジェンダー平等を実現しよう」という項目が登場したりしました。一方で、難民の受け入れに対してはSNS上で否定的な意見がみられ、2023（令和５）年６月に成立した「LGBT理解増進法」をめぐる当事者の反応は一様ではありませんでした。これらの是非については、ここでは問いませんが、大人になったときには、外国にルーツのある人や性的マイノリティの人に対する見方や考え方が自分なりに定まっているということがいえるでしょう。

　児童憲章第12条に示されている「すべての児童」には、当然ながら、外国にルーツのある子どもや性的マイノリティの子どもも含まれています。Chapter14では、そのような子どもが保育所で生活する際の戸惑いと、それに対して保育者は何ができるのかについて、考えを深めます。

事前学習

「外国にルーツのある（をもつ）」「性的マイノリティ」という言葉から想像できること（人物像等）について、考えてみましょう。

Section 1 外国にルーツのある子どもと保護者への支援

ねらい

● 「外国人の子ども」と「外国にルーツのある子ども」の違いを学びましょう。
● 外国にルーツのある子どもが保育所等で感じる生活のしづらさの要因を理解しましょう。
● 外国にルーツのある子どもの保護者が抱えている多様な背景と対応を考えましょう。

1 外国にルーツのある子どもと保育現場での対応課題

（1）「外国にルーツのある子ども」とは

最初に、「外国にルーツのある子ども」とは、具体的にどのような子どもを指すのかについて説明します。一般的に、「外国にルーツのある子ども」とは、①国籍法に規定されている「日本国民でない者（外国人）」の子ども、②両親の片方が日本人でもう片方が外国人である子ども、③日本国籍だが外国で生活してきた子どもの3つの場合を指します。

出入国在留管理庁「令和5年末現在における在留外国人数について」によれば、2023（令和5）年末現在の日本における在留外国人数は341万992人で過去最高となっています。2013（平成25）年末からの10年間で、130万人以上増加していることから、今後も在留外国人は増えていくと予想されます。

三菱UFJリサーチ＆コンサルティング「令和2年度子ども・子育て支

184　Section 1　外国にルーツのある子どもと保護者への支援

援推進調査研究事業 保育所等における外国籍等の子ども・保護者への対応に関する調査研究事業報告書」によれば、調査に協力した自治体（n＝1139）のうち 68.6％が、「外国にルーツを持つ子どもが入園している保育所等がある」と回答しています。

　保育者は外国にルーツのある子どもと保護者それぞれに対応しながら保育を行う必要があります。2008（平成 20）年に改定された「保育所保育指針」では、「保育所に入所している子どもの保護者に対する支援」の項目に、外国籍家庭に関する記述はありませんでした。しかし、2017（平成 29）年の改定で、「外国籍家庭など、特別な配慮を必要とする家庭の場合には、状況等に応じて個別の支援を行うよう努めること」と明記されました[1]。

（2）外国にルーツのある子どもが保育の場で感じる戸惑い

　外国にルーツのある子どもは、全国の保育所や幼稚園、認定こども園で生活しています。「保育所保育指針」では、保育所の社会的責任として、「保育所は、子どもの人権に十分配慮するとともに、子ども一人一人の人格を尊重して保育を行わなければならない」と述べられています[2]。保育者が「子ども一人一人」のなかに当事者が含まれていることを理解し、保育所を子どもの人格が尊重される場にすることで、外国にルーツのある子どもは、最善の利益を実現できるようになります。また、保育の実施に関して留意すべき事項として、「子どもの国籍や文化の違いを認め、互いに尊重する心を育てるようにすること」とも述べられています[3]。保育者が保育の空間・時間・仲間関係に気を配ることで、外国にルーツのある子どもを含めたすべての子どもが、互いに現在をよく生きることができるようになります。

　もし、クラスに外国にルーツのある子どもがいる場合、保育者が、子どもの国籍や文化の違いを「保育の手がかり」ととらえて保育の空間・時間・仲間関係にかかわる環境整備をすることができれば、当事者を含めたすべての子どもは、互いの母国や文化について理解し、互いの存在を認め合いながら成長することができるでしょう。一方で、保育者が、子どもの国籍

＊ 1 「保育所保育指針」（平成 29 年 3 月 31 日厚生労働省告示第 117 号）p.57
＊ 2 同上、p.6
＊ 3 同上、p.48

や文化の違いを「保育のしづらさ」ととらえてしまうと、外国にルーツの
ある子どもは、子ども自身の母国や文化と保育所等で過ごす生活との違い
に困惑したり、疎外感をもったりする可能性があります。同時に、外国に
ルーツのない子どもは、外国にルーツのある子どもの母国や文化を軽視（無
視）してもよい、という保育者の無意識な態度や意思表示を感じ取ってし
まう可能性があります。

　保育者が日々かかわるのは、子どもだけではありません。保育者が、外
国にルーツのある子どもの保護者への対応を行う場面もあります。保育者
と保護者が相互に協力することで、外国にルーツのある子どもの最善の利
益が守られることになります。しかし、実際の保育現場では、外国にルー
ツのある子どもは、家庭と園を行き来するなかで、①コミュニケーション、
②宗教、③生活習慣について、園での生活に戸惑うことがあります。次に、
それぞれの場面と保育者ができる対応について考えてみましょう。

2 外国にルーツのある子どもと保護者への支援

（1）保育現場における外国にルーツのある子どもへの支援

①コミュニケーション

　外国にルーツのある子どもは、言葉を含めたコミュニケーション（意思
疎通）を行うことが難しく、保育の活動に参加できなかったり、クラスで
孤立したりすることが考えられます。例えば、保育者の説明を理解するこ
とができない、子ども自身の意思表示が保育者やクラスの友だちに伝わら
ないなどです。

②宗教

　外国にルーツのある子どもは、子どもが信仰している宗教との関係でも
ほかの子どもとは違った支援が必要になる場面があります。例えば、イス
ラム教を信仰している場合は、給食で豚肉を食べることができない、ヒン
ドゥー教を信仰している場合には牛肉を食べることができないなどです。
また、園外への散歩では、子ども自身が信仰している宗教とは異なるため
に、神社や寺院の境内に入ることができないといった場合も考えられます。

③生活習慣

外国にルーツのある子どもは、食事の習慣や「しつけ」としてされる生活習慣が、園と家庭で異なり、戸惑うことが想定されます。例えば、保育所で提供される給食は、当事者の子どもが過ごしてきた国や文化によっては、味付けや調理方法などになじめない場合があります。また、イスラム教では、1日に5回、静かな清潔な場所で礼拝することが義務づけられています。礼拝の時間は、日の出前、正午ごろ、15時前後、日没後17時前後、19時前後で、聖地であるメッカの方角に向かって行われます。保育現場で作成されているデイリープログラム（日課表）では、イスラム教を信仰している子どもの礼拝の時間が意識されていない場合があります。

　これらの課題に対して、保育者はどのような対応を行うことができるでしょうか。まず、外国にルーツのある子どもを含めたクラスの子どもたちは、保育者が外国にルーツのある子どもを「保育のしづらさ」と考えているのか、それとも「保育の手がかり」と考えているのか、保育者のふるまいや言動、表情から自然と読み取っています。このことを改めて意識することが大切です。

　そのうえで、①と③については、外国にルーツのある子どものもつ文化（言葉や料理など）を積極的に保育活動のなかに取り入れることで、当事者の子どもにとっては、子どもの国や文化のアイデンティティに誇りをもつことにつながるでしょう。また、そうでない子どもにとっても、異なる国や文化への興味・関心を広げるきっかけになります。具体的には、絵本の読み聞かせで外国にルーツのある子どもの母国語を紹介したり、給食で母国の文化にかかわる料理を提供したりすることが考えられます。

　②については、保育の目的を達成するために、その活動を行わなければならないのか、保育内容や方法を見直してみましょう。園外への散歩を例とすると、子どもの信仰している宗教とは異なる神社や寺院を散歩することが不可欠なのか、他の場所に変更することはできないかを考えることが必要でしょう。園の取り組みや行事の一環として、神社や寺院を散歩することが必要不可欠な場合は、どのような意図で散歩するのか、散歩することとは任意なのかどうかについて、保護者や子ども自身と相談しながら決める必要があります。

　また、保護者や子どもが信仰している宗教により、子どもが園での生活を過ごすうえで、どのような対応が必要なのか、保育者だけで決めるのではなく、保護者を含めて相談し共通理解を得ておくことも大切ですが、「子

どもの最善の利益」を意識して子どもに対応することも不可欠です。そうすることで、子ども自身からすると、自分の気持ちや信じている宗教のこと（信仰の自由）を尊重しているという心が育つことや他者への信頼感を高めることにつながるのではないでしょうか。

（2） 外国にルーツのある子育て家庭への支援

　出入国在留管理庁が、直近の上陸許可年月日から1年以上経過している18歳以上の中長期在留者および特別永住者のうち、4万人を対象に行った「令和4年度在留外国人に対する基礎調査」のうち、「あなたが子育てについて困っていることを教えてください」という設問の回答を整理したものが、図14-1です。一番多いのは「特に困ったことはない」（36.1％）ですが、次に回答が多かったのは「子どもが母国語・母国文化を十分に理解していない」（19.9％）です。「保育所保育指針」では、先に述べたように、外国籍家庭などに対しては、状況等に応じて個別の支援を行うよう努めることが定められています。ここで、「外国籍家庭に応じた支援」ではなく、「個別の支援」という視点を明確にする必要があります。つまり、外国籍家庭（「外国にルーツのある子どもが生活する家庭」と読み替えることができます）の子どもには、10人いれば10通りの生き方や文化・生活習慣があります。外国にルーツのある子どもにとっては、これまでの生活したことのない保育所で、家庭とは違う言葉・ルール・衣食などで生活すること自体が「異文化」な経験といえるのではないでしょうか。園と家庭で行われる生活は連続したものが望ましいという観点（生活の連続性）もありますが、一方で、母国語や母国文化を大事にしたい家庭もあることも意識し、母国語や母国文化・生活習慣等を認めてかかわる姿勢を大切にしましょう。保育者が家庭の状況等に応じながら個別の支援を行うことで、保育者（保育所）と保護者（家庭）の相互理解を図ることができ、その結果、外国にルーツのある子どもは、保育所で安心して養護や保育を受けることができるようになります。

　外国にルーツのある子どもの保護者は、「子どもが日本語を十分に理解できない」（13.0％）、「保育所、幼稚園などの先生とのコミュニケーションがうまくとれない」（12.5％）といった困りごとを抱えています。保育者は、保育の意図・目的を理解してもらうための取り組みを行うために、家庭とのコミュニケーションを図る工夫が必要となります。例えば、配布

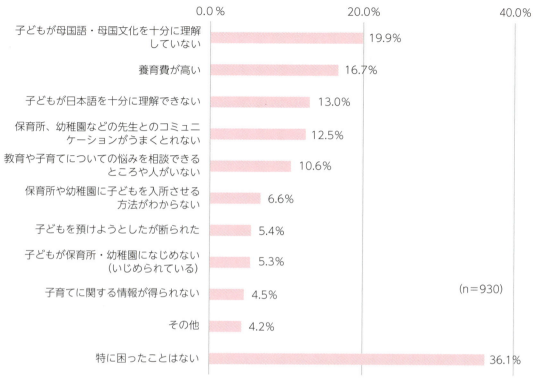

図14-1 子育てについての困りごと

出典：株式会社シード・プランニング「令和4年度出入国在留管理庁委託事業 令和4年度在留外国人に対する基礎調査報告書」p.277、2023年

する書類をひらがなで書く・よみがなをふるなどといったことから、簡単な言葉で話しかける、通訳アプリや通訳士を活用するなどでコミュニケーションを行うことが考えられます。保護者は、「この保育者は気にかけてくれているのだ」と受け止めることができ、相互の信頼関係を築くことにつながります。

また、「教育や子育てについての悩みを相談できるところや人がいない」（10.6％）という困りごともあります。地域住民とのコミュニケーションにかかわる問題や文化の違いなどにより、外国にルーツのある子どもが生活する家庭は、地域で孤立してしまう可能性があります。「保育所保育指針」では、地域の保護者等に対する子育て支援として、「市町村の支援を得て、地域の関係機関等との積極的な連携及び協働を図るとともに、子育て支援に関する地域の人材と積極的に連携を図るよう努めること」と述べられています[*4]。保育者は、日本語でのコミュニケーションを取りにくいこと、文化や習慣が異なることなどさまざまな問題に不安を感じている保護者に

Chapter 14 多様な保育ニーズへの対応(2)

189

対して、それらの不安に気づき、状況を把握・理解したうえで、対応する必要があります。

　では、市町村や地域の関係機関は、外国にルーツのある子どもの保護者に対して、具体的にどのような相談支援を行っているのでしょうか。【事後学習】で調べ、学びを深めてください。

＊4「保育所保育指針」（平成29年3月31日厚生労働省告示第117号）p.58

Section 2　性的マイノリティの子どもへの支援

ねらい

● 「性（セクシャリティ）」という用語の多様な意味を理解しましょう。
● 性的マイノリティの子どもがいることを考慮しない保育を行った場合、性的マイノリティの子ども自身がどのような気持ちになるか考えてみましょう。

1　性的マイノリティの子どもと保育現場での対応課題

（1）「性的マイノリティの子ども」とは

　Section 2 では、保育現場における「性的マイノリティの子ども」への支援を考えます。そもそも、「性的マイノリティ」という言葉は、「性的」に「マイノリティ（少数者）」であるという意味なのですが、「性」という言葉は皆さんがイメージしているよりもずっと複雑で多様です。

　「性（セクシャリティ：Sexuality）」という言葉は、大きく「生物学的性（セックス：Sex）」と「心理学・社会的性（ジェンダー：Gender）」という 2 つの意味があります。「生物学的性」とは、生物学的に女性である／男性であることを意味しており、保育現場で一般的に「女の子」「男の子」と呼ぶ場合は、生物学的性に基づいて区別する意味で使用しています。

　一方で、保育現場では、「心理学・社会的性」への深い理解や対応が課題となっています。2023（令和 5）年 6 月に、性的指向及びジェンダーアイデンティティの多様性に関する国民の理解の増進に関する法律（LGBT理解増進法）が施行されました。

　「性的指向」は、第 2 条第 1 項において、「恋愛感情又は性的感情の対象となる性別についての指向」と定義されています。「性的指向」は、「私は女性（または男性）が好き」という人だけでなく、女性・男性どちらも好きな人（バイセクシャル）や、性別にとらわれない人（パンセクシャリティ）、他者に対して好きという感情をもたない人（アロマンティック）も含みま

Chapter 14　多様な保育ニーズへの対応(2)

191

す。一般に、生物学的性が男性で性的指向も男性である人を「ゲイ」、生物学的性が女性で性的指向も女性である人を「レズビアン」と呼びます。

「ジェンダーアイデンティティ」（「性自認」と呼ぶこともあります）とは、第2条第2項で「自己の属する性別についての認識に関するその同一性の有無又は程度に係る意識」と定義されています。つまり、「自分は女性（または男性）だ」という認識のことです。例えば、生物学的性が男性で、ジェンダーアイデンティティが女性の人は、身体の性（生物学的性）と心の性（ジェンダーアイデンティティ）が一致しないために、自分の身体に違和感をもつことになります。これを「トランスジェンダー」と呼びます。

「LGBT」という言葉は、レズビアン（L）・ゲイ（G）・バイセクシャル（B）・トランスジェンダー（T）の総称です。また、自分の性的指向やジェンダーアイデンティティが定まっていない（あるいは定めていない）クエスチョニング（Q）や、また、LGBT以外のクィア（Q）なども加えて、「LGBTQ＋[1]」といわれることもあります（図14-2）。

なお、「心理学・社会的性」には、女性として（または男性として）果たしている役割である「性役割」や、どのような性別の表現をしているのかという「性表現」も含まれます。

性的マイノリティへの理解を深めたうえで、性的マイノリティの子どもが保育の場で生活する際に、どのようなことに戸惑うのかを考えてみましょう。

> 1 LGBTQ＋
> 性的指向と性自認のことを、これらの頭文字をとってSOGI（Sexual Orientation and Gender Identity）と呼びます。SOGIは、LGBTだけでなく、男性が好きな女性や、女性が好きな男性も含んでおり、全ての人がもっている「性」を表しています。

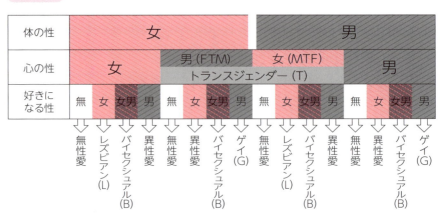

図14-2 性の多様性

FTM（Female to Male）…生物学的性が女性で、心身の性を男性へ移行することを望む性別違和をもつ人
MTF（Male to Female）…生物学的性が男性で、心身の性を女性へ移行することを望む性別違和をもつ人
※性的指向については、体の性ではなく、心の性が基準となっています。
出典：徳島県教育委員会「性の多様性を理解するために――教職員用ハンドブック」p.1、2018年

（2）性的マイノリティの子どもが保育の場で感じる戸惑い

　性的マイノリティの子どものうち、56.6%は小学校に入学する前、つまり、保育所等で生活しているときにはすでに自身の性別に違和感をもっていた[*5]というデータがあります。では、性的マイノリティの子どもは、保育所等で過ごす際に、どのようなことに戸惑うのでしょうか。保育者が性的マイノリティの子どもがいることを考慮しない保育を行った際に、当事者の子ども自身がどのような気持ちになるかという視点で考えてみましょう。

　実際の保育のなかでは制服や体操服など身につけるものが男女別で指定されるなど、性別を基準に分けられることがあります。また、ごっこ遊びの役割を決める際に、「男の子は●●」「女の子は▲▲」といった性別を基準とした役割を与えること、「男の子だから、おままごとではなく、車で遊ぼう」といった、性別を根拠にした指示を保育者が子どもにしてしまうことも考えられます。

　これらは、保育所の環境や決まりであったり、保育者と子どもとのかかわりであったり、生じることが想定しやすい事例ばかりではないでしょうか。生物学的性と性自認の性別が一致していない子どもにとっては、着たい服を着ることができなかったり、やりたい役割や好きな遊びをすることができなかったり、子ども自身の気持ちを安心して表すことができなくなったりしてしまいます。

　「保育所保育指針」で述べられている「子どもの人権に十分配慮するとともに、子ども一人一人の人格を尊重して保育を行わなければならない」ことは、性的マイノリティの子どもであっても同じです。

　では、性的マイノリティの子どもの人権に配慮した保育の場での支援について、最後に考えてみましょう。

2　性的マイノリティの子どもへの支援

　まず、性的マイノリティの子どもは、保育所や家庭で自身の性別に違和感をもって過ごしていると考えられます。保育者がそのような子どもをど

＊5　中塚幹也「性同一性障害と思春期」『小児保健研究』第75巻第2号、2016年

のように受け止め、保育を行うのかは、子どもの人格形成に生涯にわたって大きな影響を与えることになります。

　まず、本人や保護者に無許可で、ほかの子どもに本人のセクシャリティについて伝えたり、保育者同士の会話での話題にあげたりして、性的マイノリティの子どものセクシャリティを暴露する（アウティング）ことは、意図的かどうかを問わず、絶対に行ってはなりません。アウティングは性的マイノリティの子どもがほかの子どもから悪口を言われたりいじめに遭ったりするきっかけになりやすく、保育所が安心できる場でなくなる可能性があります。

　子どもが性的マイノリティであることは、子ども自身の容姿・行動・会話に現れたり、保護者から保育者への相談という形で告知されたりする場合があります。自身の「性」を他人に告知することを「カミングアウト」と呼びますが、性的マイノリティの子どもは、保育者にカミングアウトした際に、相手から否定されたり動揺されたりすることを想像して、不安な気持ちになっていることが予想されます。カミングアウトに対して最後まで話を聴き、受け止めることで、性的マイノリティの子どもは保育者に対して安心感をもつようになります。

　ここからは、保育者が保育の場面で求められる支援について考えてみます。「保育所保育指針」では、「子どもの性差や個人差にも留意しつつ、性別などによる固定的な意識を植え付けることがないようにすること」と述べられています[*6]。例えば、ごっこ遊びの役割を決める際に、「男の子は●●」「女の子は▲▲」といった声かけをすることで、子どもたちには「男の子は●●の役割、女の子は▲▲の役割が当たり前で、▲▲をしたい男の子はおかしいのではないか」という意識が醸成されます。このような、性に関する固定観念を「ジェンダー・バイアス」と呼びます。まずは保育者自身がジェンダー・バイアスをもちうる可能性を自覚することが必要です。一言で性的マイノリティの子どもといっても、性という概念が多様であることはすでに述べたとおりです。具体的な支援の方法は、性的マイノリティの子どもの数だけあります。当事者でない子どもに対しては、ジェンダー・バイアスを自覚させるような言葉かけや働きかけを行うことが必要となるでしょう。

＊6 「保育所保育指針」（平成29年3月31日厚生労働省告示第117号）p.49

最後に、性的マイノリティの子どもがいることを想定して保育を行う際に、保育者は保育内容や方法、園内環境や人間関係といった観点からどのようなことに留意すればよいのでしょうか。ぜひ、【Discussion Time】で周りの人と考えてみてください。

 Discussion Time

　『保育所保育指針解説』の「3　保育の計画及び評価（2）指導計画の作成」によれば、「保育所は、全ての子どもが、日々の生活や遊びを通して共に育ち合う場である。そのため、一人一人の子どもが安心して生活できる保育環境となるよう、障害や様々な発達上の課題など、状況に応じて適切に配慮する必要がある。こうした環境の下、子どもたちが共に過ごす経験は、将来的に障害の有無等によって分け隔てられることなく、相互に人格と個性を尊重し合いながら共生する社会の基盤になると考えられる。これらのことを踏まえて、障害など特別な配慮を必要とする子どもの保育を指導計画に位置付けることが求められる」と明記されています[*7]。

　Chapter14 での学習を振り返り、実際に集団のなかで保育を行う際に、外国にルーツのある子どもや性的マイノリティの子どもに対して、保育者はどのような点に配慮すべきでしょうか。具体的に検討してみましょう。

 討論のヒント

　まず、保育所における日々の生活や遊びのなかで、当事者への配慮が必要となる場面を想像してみましょう。そのうえで、当事者が主体性を発揮して活動に参加できるようにするためには、どのような配慮が必要になるかを考えてみましょう。

事後学習

外国にルーツのある子どもや性的マイノリティの子どもに対して、自治体や地域の関係機関は、どのような取り組みや支援・サービスを行っているのかをホームページで調べてみましょう。

＊7　厚生労働省編『保育所保育指針解説　平成30年3月』フレーベル館、p.48、2018年

参考文献

- 株式会社シード・プランニング「令和4年度出入国在留管理庁委託事業 令和4年度在留外国人に対する基礎調査報告書」2023年
- 厚生労働省編『保育所保育指針解説 平成30年3月』フレーベル館、2018年
- 康純編著『子どものこころの発達を知るシリーズ07 性別に違和感がある子どもたち——トランスジェンダー・SOGI・性の多様性』合同出版、2017年
- 出入国在留管理庁「令和5年末現在における在留外国人数について」2024年
- 全国保育問題研究協議会編集委員会『季刊保育問題研究310号』新読書社、2021年
- 徳島県教育委員会「性の多様性を理解するために——教職員用ハンドブック」2018年
- 中塚幹也「性同一性障害と思春期」『小児保健研究』第75巻第2号、2016年
- 「保育所保育指針」（平成29年3月31日厚生労働省告示第117号）
- 三菱UFJリサーチ＆コンサルティング「令和2年度子ども・子育て支援推進調査研究事業 保育所等における外国籍等の子ども・保護者への対応に関する調査研究事業報告書」2021年

Chapter 15

外国（韓国）の動向

> ### 児童憲章
>
> 児童は、人として尊ばれる。

　子どもは自分が生まれた国や地域の法・制度のもとで生活していますが、国や地域ごとに経済的・社会的・文化的状況や背景は異なるため、法・制度の成立や発展過程などは一律ではありません。

　しかし、これらの法・制度が「子どもの権利を保障」するための手段として存在しているのは、どの国や地域においても同様です。ここに諸外国の動向を学習する意義があります。

　日本では、福祉国家として有名なスウェーデンやフィンランドなどの北欧をはじめとするヨーロッパの取り組みが多く紹介されていますが、日本の法・制度の成立および発展過程と類似性が高い韓国の取り組みはあまり紹介されていません。類似性が高いということは、応用可能性が多くあるということを意味しますから、ここでは外国の動向として韓国の取り組みに焦点をあてます。

　児童憲章前文に示されている「児童は、人として尊ばれる」の「児童」には、現在を生きている子どもだけではなく、未来を生きていく子どもも含まれます。Chapter15 では、現在や未来を生きていく子どもが「人として尊ばれる」日本社会をつくり上げていくうえで、真剣に考えるべき「何か」を、韓国の取り組みから学び、それを踏まえて、日本の子ども家庭福祉についての理解を深めます。

> **事前学習**
>
> 韓国の人口動態（少子高齢化率など）と子ども家庭福祉関連の法・政策を調べてみましょう。

Section 1 普遍主義に基づく保育政策および各種手当

> **ねらい**
>
> - 韓国における普遍主義に基づく子育て支援制度について学びましょう。
> - 韓国における子ども家庭福祉政策の考え方が、日本でどのように役立つかを検討しましょう。

1 最初に

韓国では、子どもの権利を保障するために、あらゆる政策が、次の児童福祉法[1] の基本理念（第2条）に基づいて多角的に展開されています。

第1項　児童[2] は、自分自身または父母の性別、年齢、宗教、社会的身分、財産、障害の有無、出生地域、人種等によるいかなる類の差別も受けずに育たなければならない。

第2項　児童は、完全で調和のとれた人格発達のために安定した家庭環境で幸せに育たなければならない。

第3項　児童に関するあらゆる活動において児童の利益が最優先的に考慮されなければならない。

第4項　児童は、児童の権利保障と福祉増進のために、この法律に基づく保護と支援を受ける権利を持つ。

この基本理念には、子どもの権利条約の原則のうち、「差別の禁止」「生命、生存および発達に対する権利」「子どもの最善の利益」が積極的に反

1 児童福祉法

1961年12月30日に児童福利法として制定され、1981年4月13日に児童福祉法へと全部改正されました。

2 児童

満18歳未満の者（児童福祉法第3条の1）をいいます。

映されています。

韓国の子ども家庭福祉を説明する際に欠かせないキーワードが「深刻な少子化社会」です。2023年の韓国の合計特殊出生率[3]は0.72で、OECD加盟国のなかでも最下位です。OECD加盟国のうち唯一、合計特殊出生率が1.0を下回っており、2018年に初めて1.0を切って以来、減少し続けています。まさに「超少子化社会」になりつつあるといえるでしょう。

日本の状況はどうでしょうか。韓国ほどではありませんが、日本の少子化問題も深刻です。多様な少子化対策が打ち出されていますが、回復の兆しがあまりないのも事実です。ここに「韓国の子ども家庭福祉」を学ぶ意味があります。深刻な少子化問題に直面している韓国では、それを解決するために、ここ数年間、普遍主義に基づく数多くの政策が「保育政策」および「各種手当」として新設・発展されてきました。言い換えれば、深刻な少子化問題があったからこそ、韓国の子ども家庭福祉、特に未就学児を主な対象とする保育政策および各種手当の発展へとつながったのです。

地域内で貧困化する子どもや、保護者から虐待を受けるなど多様な理由で親子分離をさせられた子どもが数多く存在している問題も指摘せざるを得ません。安易に区分することはできませんが、韓国では前者を「支援対象児童[4]」、後者を「保護対象児童[5]」と呼びます。それぞれ日本の「要支援児童」と「要保護児童」と理解してもよいでしょう。当然、支援対象児童を対象とした法・制度、保護対象児童を対象とした法・制度がそれぞれ存在・機能しています。いわば「選別主義に基づく法・制度」です。

上述した法・制度のほかにも、さまざまな法・制度やそれに基づく政策が施されていますが、ここでは、韓国の子ども家庭福祉を支える3つの柱とも位置づけられる「普遍主義に基づく保育政策および各種手当」「支援対象児童を対象とした法・制度」「保護対象児童を対象とした法・制度」の代表的なものを紹介します。

2 普遍化されつつある保育政策と各種手当

（1）無償化されつつある保育政策

韓国には、「オリニジップ[6]」という日本の保育所に該当する保育施設があります。未就学児が昼間に過ごせる保育施設として、利用のための特

---

3 合計特殊出生率

15〜49歳までの女性の年齢別出生率を合計したものと定義されます。

4 支援対象児童

「児童が調和のとれて健康に育つのに必要な基礎的な条件が揃っていないため、社会的・経済的・情緒的な支援が必要な児童」（児童福祉法第3条の5）を指します。

5 保護対象児童

「保護者がいない、または保護者から切り離された児童、または保護者が児童を虐待する場合等、その保護者が児童を養育するのが適当ではない、または養育する能力がない場合の18歳未満の児童」（児童福祉法第3条の4）を指します。本人が措置延長を希望し、審議委員会の審議を経て措置延長が必要と判断される場合には、最長25歳まで措置延長が可能です（児童福祉法第16条の3）。

6 オリニジップ

オリニは「子ども」、ジップは「家」と和訳できます。

Chapter 15 外国（韓国）の動向

199

7 オリニジップの利用条件

多子世帯や共働き世帯などが優先されます。

8 指定オリニジップ

夜間12時間保育と24時間保育、休日保育は、指定オリニジップで利用することができます。

9 ウォン

2024年7月現在、3万5036円ですが、おおよそ「1ウォン＝0.1円」と換算すれば問題ありません。

10 保育料

2024年現在、0歳児は54万ウォン、1歳児は47万5000ウォンです。

11 児童手当

低所得ひとり親家庭に支給される「児童養育費（毎月21万ウォン）」なども存在します。

別な条件は設けられていません[7]。利用したいオリニジップに「空き」があれば、利用できます。保育類型は、①9時から16時までの「基本保育」、②16時から19時30分までの「延長保育」、③19時30分から24時までの「夜間延長保育」、④19時30分から翌日7時30分までの「夜間12時間保育」、⑤7時30分から翌日7時30分までの「24時間保育」、⑥日曜日と祝日に利用できる「休日保育」の6つに区分されます[8]。7時30分から9時、16時から17時30分の間は、登園、または降園時間として基本保育とみなされます。

韓国では、2013年から保育料の無償化が進められています。送迎バスの利用料や特別活動費などは実費負担のため、完全無償化とはいえませんが、子どもの年齢を問わず、基本保育を含む基準保育時間および夜間12時間保育の保育料は全額無償、延長保育と夜間延長保育は60時間まで無償です。24時間保育は、基本保育に加えて、夜間12時間保育がどうしても必要と判断される子どもが有償で利用できます。また、休日保育も追加利用費が必要です。

（2）拡充されつつある各種手当[*1]

オリニジップを利用しない子育て家庭には、子どもの年齢に合わせて「親給与」と「家庭養育手当」が支給されます。また、オリニジップの利用の有無に関係なく満8歳未満の子ども全員に支給される「児童手当」もあります。

まず、「親給与」についてです。出産や育児による収入減を補填し、養育者の直接的なケアが重要な乳児の特性を考慮し、また乳児期のケアを手厚く支援するために、既存の乳児手当（毎月30万ウォン[9]）を拡充する形で2023年からスタートしました。毎月、0歳児には100万ウォンが、1歳児には50万ウォンが支給されます。また、オリニジップを利用すると、基本保育の保育料[10]を差し引いた差額が支給されます。

家庭養育手当では、オリニジップを利用しない24か月（2歳0か月）から85か月（7歳1か月）までの子どもに毎月10万ウォンが支給されます。オリニジップを利用する場合には、支給されません。

児童手当[11]は、子育てによる経済的負担を軽減し、健全な成長環境を

＊1 保健福祉部「2024年度保育事業案内」p.337、2024年

つくることで、子どもの基本的な権利と福祉を促進することを目的としています。満8歳未満のすべての子どもに毎月10万ウォンが支給されます。

（3）日本への示唆：保育政策および各種手当の拡充の必要性

世帯の所得を問わず、すべての未就学児が保育政策の対象となっている韓国とは異なって、日本は、保育所を利用している3歳以上の子どもだけが対象となっています。例えば、韓国では、子どもがオリニジップを利用しなくても、0歳児および1歳児の養育者には親給与が、2歳児以上の養育者には家庭養育手当が支給されます。

韓国の保育政策や各種手当は、少子化対策の一環として新設・展開されましたが、その点では効果は見受けられません。それでは、「児童は、人として尊ばれる」という児童憲章前文の観点からはどうでしょうか。

少なくとも、未就学児の子どもの日中の過ごし方を決めるにあたって、一つの選択肢を増やしたという面では評価できるでしょう。オリニジップを利用せずに家庭で子育てをする場合でも、親給与、もしくは家庭養育手当の受給ができることから、オリニジップを利用しないことによる不利益は生じません。また、経済的な理由からオリニジップの利用を躊躇する0歳児・1歳児の保護者はいないでしょう。オリニジップを利用しても、その保育料は親給与から補填できるためです。

Section 2 支援対象児童に向けた「ドリームスタート」

ねらい

● 韓国の低所得家庭の子どもに対する政策について学びます。
● 低所得家庭の子ども支援政策について日本と韓国を比較してみましょう。

1 最初に

児童福祉法第 37 条を法的根拠とする「ドリームスタート」の正式名称は、「脆弱階層児童に対する統合サービス支援」です。ドリームスタートは、家族崩壊や貧富の格差などによる児童の貧困[12]の深刻化を背景に 2006 年からスタートした、支援対象児童に向けた代表的な政策といえます。政策のねらいは、「子どもとその家族に焦点をあてた統合ケースマネジメントを通じてすべての子どもに公平な出発機会を保障すること」と明確です。

2 ドリームスタートのしくみ

(1) 支援の対象と内容

ドリームスタートは、0 歳（妊産婦含む）から満 12 歳以下の、いわゆる「脆弱階層」の子どもおよびその家族を対象としています[13]。2022 年1 月 1 日から 12 月 31 日までの 1 年間、4 万 9558 世帯 6 万 1684 人の子どもにサービスを提供しました。

ドリームスタートは、具体的には、養育環境・発達状態に対するアセスメントと脆弱階層の子どもの健やかな成長・発達の支援により、公平な出発の機会を保障する事業です。また、脆弱階層の子どもが健康で幸せな社会構成員として成長できるよう、対象者の複合的なニーズを把握し、地域内資源との連携を図るオーダーメイド統合サービスでもあります。

---

12 児童の貧困

2021 年現在、子どもの相対的貧困率は9.9％と、2016 年の15.2％に比べて 5.3％が減っています。また、ひとり親家族の相対的貧困率も、2021 年現在、26.1％と 2016 年に比べて 16.2％減少しました（韓国保健社会研究院、2023 年）。

13 ドリームスタートの対象

「国民基礎生活保障法」（日本の生活保護法に該当）上の受給者などが主な対象であり、必要に応じて、満 13 歳以上の子どもにも支援を行うことができます。

支援は、「身体・健康」「認知・言語」「情緒・行動」「親・家族」という4つの領域から行われます。具体的な支援内容およびプログラム例は次のとおりです。

①身体・健康領域

・子どもの健やかな成長と身体発達の促進

・健康的な生活のための健康検診および予防・治療

・子どもの発達に必要な身体・健康情報の提供

・プログラム例：健康検診、予防接種、健康教育、栄養教育など

②認知・言語領域

・子どものコミュニケーション及び基礎学習能力の強化

・オーダーメイドの認知・言語サービスを通じた子どもの強みの開発

・プログラム例：基礎学力検査、基礎学力養成、経済教育、読書指導など

③情緒・行動領域

・自己肯定感および肯定的な人格形成のための情緒発達サービスの提供

・社会性の発達および児童の権利伸張のための教育

・プログラム例：社会性発達プログラム、児童虐待予防、心理相談および治療、ケア機関への連携など

④親・家族領域

・親子の相互作用および適切な教育環境のための親の力量強化

・親の有能感および自己肯定感の強化

・親の子育てスキルへの支援

・妊婦の健康的な出産および子育て支援

・プログラム例：親教育、家族相談および治療、親の就職支援、産前産後ケアなど

（2）ドリームスタートの運営体制

ドリームスタートは、自治体の役所にある担当チームを拠点に行われています。全国229か所の市・郡・区[14]で設置・運営されているドリームスタートチームは、上位機関の支援を受け、地域内の関係機関との有機的な連携のもとで統合サービスを提供しています。

ドリームスタートチームは、最小3名以上の自治体職員と基本4名以上の児童統合ケースマネジャーから構成されます。チームのメンバーは、そ

14 市・郡・区

日本の市・町・村に該当します。

15 専門職

児童統合ケースマネ
ジャーのうち1人は、
チームにおいてスー
パーバイザーを務めま
す。

れぞれ「社会福祉」「保健（看護）」「保育（教育）」の専門職[15]として、統合サービスの提供のために常に連携をとります。

　統合サービスを提供するにあたって、地域内の関係機関との連携は不可欠です。ドリームスタートでは、ドリームスタートチームを主軸に、学校や精神保健福祉センター、地域児童センター、児童保護専門機関などのワーカーからなる「児童福祉機関協議体」というワーキンググループを形成・運営します。①地域内の児童福祉機関間の情報共有および児童福祉サービスの連携・調整、②子どもおよびその家族の変化のための複数の関係機関の効果的な共同介入の方向性の模索を目的に、3か月に1回以上の頻度で会議を行います。

3 日本への示唆：ビックデータを用いたアウトリーチ

　ドリームスタートの利用は、クライエントが相談窓口とつながることから始まります。クライエントが自ら来所する場合や他機関から紹介される場合など、さまざまなパターンが考えられます。ところが、何らかの理由で相談窓口とつながっていない「支援が必要な子どもと家族」は地域内に数多く存在しています。アウトリーチという手法は、そのようなクライエントを発見するうえで、非常に重要とされています。韓国では、ワーカーが地域に出向く伝統的なアウトリーチに加えて、ビックデータを用いた「e児童幸福支援システム」というアウトリーチを実施しています。

　e児童幸福支援システムは、児童福祉法第15条の4、また社会保障給与の利用・提供および受給権者の発掘に関する法律に基づき、2018年3月から本格的に運用されています。児童虐待などの危機的状況にさらされるリスクのある子どもを、データからキャッチするシステムです。乳幼児健診の受診歴や予防接種記録、光熱費の滞納有無など44の項目から高リスク群の子どもを予測するアルゴリズムが構築されており、年間約9万人の高リスク群の子どもを抽出しています。該当する子どもの家庭には自治体の公務員が訪問し、子どもの状況をアセスメントして、必要に応じてドリームスタートなどにつなぎます。

Section 2　支援対象児童に向けた「ドリームスタート」

Section 3 保護対象児童に向けた「児童保護サービス」

ねらい

● 韓国における児童保護サービスについて学びましょう。
● 日本と韓国の児童保護サービスを比較してみましょう。

1 最初に

　日本の社会的養護に該当する韓国の保護児童サービスには、児童福祉法第3章第1節に基づく「原家庭での保護」「親族による保護・養育」「里親委託」「児童福祉施設での保護」「専門治療機関もしくは療養所への入院、または入所」「養子縁組」があります。児童保護サービスの利用が必要となった場合には、区役所などに設置されている児童保護チームでアセスメントを行います。その際には、原家庭での保護が最優先で検討されます。

　しかし、残念ながら、すべての子どもが原家庭での保護につながるわけではありません。やむを得ず、親子分離をさせられることも少なくないのが現実でしょう。このような場合、韓国では、①親族による保護・養育→②里親委託→③グループホーム→④施設という順で保護措置を実施することになっています。保護者がいない場合には、「養子縁組」が優先的に検討されます。

　つまり、韓国においても日本と同様に、原家庭での保護が最優先で、それが難しい場合には、親族による保護・養育や里親委託のような「家庭養護」が検討されているということです。ところが、里親の種別などにおいては日本とはやや異なる様子がみられます。

　Section 3では、韓国の家庭養護を中心に、その概要や動向を述べたうえで、里子を含む保護対象児童の推移を探ってみます。また、それを踏まえ、日本への示唆点について紹介します。

2 変わりつつある韓国の家庭養護

（1）家庭養護の概要と近年の動向

　ここでは、韓国の児童保護サービスの概要について紹介します。原家庭での保護が可能と判断されると、家庭内での保護・養育ができるようにドリームスタートなどの支援に連携する措置がとられます。

　「親族による保護・養育」とは、親族[16]の家庭で保護・養育するものです。親族が里親の基準を満たしている場合には、里親となる申請ができます。

　「里親委託」は、「一般里親委託」「専門里親委託」「一時里親委託」の3つに大別されます。一般里親委託とは、主に親族でない者が里親になるものをいいます。専門里親委託とは、被虐待児、2歳以下（生後36か月未満）の児童、障害児、境界知能児童など特別なケアを必要とする児童を委託するもの、一時里親委託とは、緊急保護措置として、児童を一定期間（3か月以内、1回限り3か月以内の延長が可能）委託して保護・養育を行うものをいいます。

　韓国の里親の種別は、日本と異なります。より正確にいえば、祖父母が里親となる「代理養育里親」と8親等以内の親族が里親となる「親・姻戚里親」（以下、親族里親）の2つの既存種別に加えて、近年の法改正[17]によって、親族でない者が里親となる「一般里親」が「一般里親委託」「専門里親委託」「一時里親委託」へと変わりました。これにより、親族里親は、一般里親に統合されることになりました。

（2）家庭養護の推移

　表15-1は、里子を含む保護対象児童の推移を示したものです。

　まず、韓国の保護対象児童の数は、減少傾向にあることがわかります。2017年には2万7696人だったのが、2021年には2万3605人となり、4390人減少しています。その主な背景として、あまりにも低い合計特殊出生率があげられていますが、「原家庭での保護の最優先的検討」という児童保護サービスの原理が機能している可能性も考えられます。

　それでは、保護対象児童が保護措置を受けて生活している場所、つまり、保護措置先別の推移はどうなっているでしょうか。施設養護よりも家庭養護が優先される韓国ですが、その内訳をみると、家庭養護は減少している

---

16 親族の範囲

ここでいう親族とは、8親等以内の血族および4親等以内の姻族、配偶者です（民法第777条）。

17 里親種別の法改正

2021年6月29日に、児童福祉法施行令第14条第1項第1号、第2号、第3号に新設されました。

Section 3　保護対象児童に向けた「児童保護サービス」

| 表15-1 | 保護対象児童の推移 |

			2017	2018	2019	2020	2021
施設養護	児童養育施設	施設数	242	241	240	237	236
		児童数	11,665 (42.1)	11,100 (42.2)	10,585 (42.7)	10,352 (43.0)	10,072 (43.2)
	一時保護施設	施設数	12	12	13	10	11
		児童数	279 (1.0)	272 (1.0)	275 (1.1)	315 (1.3)	247 (1.1)
	自立支援施設	施設数	12	12	13	15	15
		児童数	221 (0.8)	227 (0.9)	218 (0.9)	253 (1.0)	233 (1.0)
	保護治療施設	施設数	11	11	12	12	12
		児童数	497 (1.8)	447 (1.7)	469 (1.9)	436 (1.8)	404 (1.7)
	グループホーム	施設数	533	558	507	520	518
		児童数	2,811 (10.1)	2,872 (10.9)	2,645 (10.7)	2,758 (11.4)	2,766 (11.8)
	個人養育施設	施設数	17	14	13	12	9
		児童数	113 (0.4)	83 (0.3)	74 (0.3)	54 (0.2)	49 (0.2)
	総合施設	施設数	3	3	3	—	—
		児童数	127 (0.5)	147 (0.6)	118 (0.5)	—	—
	小計	施設数	830	851	801	806	801
		児童数	15,713 (56.7)	15,148 (57.6)	14,384 (58.1)	14,168 (58.8)	13,771 (59.1)
家庭養護	代理養育里親	世帯数	6,207	5,831	5,442	5,155	4,817
		児童数	7,950 (28.7)	7,426 (28.2)	6,905 (27.9)	6,542 (27.2)	6,107 (26.2)
	親・姻戚里親	世帯数	2,605	2,357	2,167	2,069	1,999
		児童数	3,100 (11.2)	2,801 (10.7)	2,572 (10.4)	2,447 (10.2)	2,344 (10.1)
	一般里親	世帯数	763	767	750	777	917
		児童数	933 (3.4)	914 (3.5)	907 (3.7)	934 (3.9)	1,084 (4.7)
	小計	世帯数	9,575	8,955	8,359	8,001	7,733
		児童数	11,983 (43.3)	11,141 (42.4)	10,384 (41.9)	9,923 (41.2)	9,535 (40.9)
合計		児童数	27,696	26,289	24,768	24,091	23,306

※（ ）内の単位はパーセント（％）。
※四捨五入のため、合計が100％にならない場合がある。
出典：姜民護・朴東民・李東振「韓国における里親制度の現状と課題」『評論・社会科学』第143号、2022年をもとに筆者作成

一方で、施設養護は増加していることがわかります。大きな増減の変化とはいえませんが、それぞれが減少と増加の傾向にあるのは確かです。詳細にみると、家庭養護の子どもは2017年には1万1983人でしたが、2021年には9535人へ、2448人も減少しています。割合では2017年の43.3％が2021年では40.9％となり、2.4％下がりました。その分、施設養護の割合は56.7％から59.1％へ増加しました。また、家庭養護の割合の詳細をみると、代理養育里親と親・姻戚里親が減少していることがわかります[18]。

18 家庭養護の割合

2021年6月に里親種別の法改正が行われたため、2021年度までの数値は改正前のものです。

Chapter 15 外国（韓国）の動向

3 日本への示唆：親族里親の要件の見直し

　前述したとおり、近年の法改正によって、既存の親族里親が一般里親に統合されました。親族里親が一般里親に統合された目的としては、親族に委託される里子の生活環境の改善があげられます。保護対象児童の親族、例えば、祖父母の生活環境のリスクについてはよく知られています。祖父母の経済的・精神的・社会的状況が厳しいという意味です。このような状況にもかかわらず、「親族だから」という理由で里親になる要件をゆるくしていた結果、里子の生活環境は厳しいままでした。

　こうした状況を背景に、親族里親は一般里親に統合されました。具体的にいえば、親族でも、里親になるためには一般里親と同様の要件を満たさせることによって、一定水準以上の里子の生活環境を担保するといったねらいがあったということです。つまり、子どもをまんなかにおいた考え方であり、法改正だったと考えられます。

Discussion Time

　Chapter15での学習を振り返り、韓国の子ども家庭福祉政策が、どのような点で日本の子ども家庭福祉の参考となるかについて検討しましょう。

討論のヒント

　日本の子ども家庭福祉をめぐる現状を考えてみましょう。例えば、保育料が負担で保育所の利用を躊躇する2歳以下の子育て世帯はないか、貧困状態におかれている子どもに対する支援はどうなっているか、などです。

事後学習

児童憲章の前文では、「児童は、人として尊ばれる」とされていますが、残念ながら、日本の子ども家庭福祉がそれを保障しているとは言い切れません。
Chapter15を参考に、「児童は、人として尊ばれる」社会をつくり上げていくにあたっての課題をまとめてみましょう。

参考文献

- 韓国保健社会研究院「2023年貧困統計年報」2023年
- 姜民護・朴東民・李東振「韓国における里親制度の現状と課題」『評論・社会科学』第143号、2022年
- 児童権利保障院「ドリームスタート」 https://www.dreamstart.go.kr/contents/sub01_03_01.asp
- 保健福祉部「2024年度保育事業案内」2024年

索引

あ～お

IQ	136
ICIDH	133
ICF	133
アウティング	194
アドボカシー	22, 50
医学モデル	133
意見表明権	151
石井十次	6
石井亮一	6
異次元の少子化対策	43
1.57ショック	10, 90
医療行為	174
医療的ケア児	176
医療的ケア児支援センター	179
医療的ケア児等コーディネーター	180
インクルージョン	132
ウェルビーイング	9
M字カーブ	12
LGBTQ＋	192
エンゼルプラン	90
エンパワメント	9
応能負担	34
岡山孤児院	6

か～こ

外国籍家庭	188
外国にルーツのある子ども	184
核家族	3
核家族化	7
拡大家族	3
学童クラブ	12, 82, 83
学童保育	12, 82, 83
家族	3
片山潜	6
家庭	4, 8
家庭学校	6
家庭支援専門相談員	51, 53
家庭的保育事業	177
寡婦福祉資金	40
カミングアウト	194
感化院	6
感化法	5
監護	105
韓国	198
企業主導型保育	162
基本的人権	32
虐待	47
QOL	50
切れ目のないサポート	76
切れ目のない支援	42
緊急保育対策等5か年事業	91
キングスレー館	6
苦情解決	150
ぐ犯少年	120
グループホーム	49
ケア・リーバー	55
経済的暴力	115
権利侵害	22
権利擁護	24
行為障害	127
合計特殊出生率	90
工場法	5
幸福度	145
高齢化率	10
国際障害者年	132
国際障害分類	133
国際生活機能分類	133
孤育て	4
子育て安心プラン	94
子育て援助活動支援事業	175
子育て世代包括支援センター	35, 41, 77
子育て短期支援事業	116
孤独ケアラー	15

こども	2
子ども	2, 38
こども家庭センター	35, 77, 85
子ども家庭総合支援拠点	35
こども家庭ソーシャルワーカー	53
こども家庭庁	34
こども基本法	2, 28, 94, 149
子ども虐待	15, 24, 104
子ども・子育て関連3法	34, 92
子ども・子育て支援新制度	92
子ども・子育てビジョン	92
子ども食堂	153
こども誰でも通園制度	166
子どもの権利条約	8, 23, 144
子どもの権利ノート	149
子どもの最善の利益	26, 144
こどもの貧困解消法	71
子どもの貧困対策の推進に関する法律	69
こどもの貧困の解消に向けた対策の推進に関する法律	71
子どもの貧困対策法	69
こどもまんなか社会	94
個別対応職員	53
こんにちは赤ちゃん事業	81, 116

さ～そ

済世顧問制度	5
最低生活費	62
里親	49
里親支援専門相談員	53
サブケアラー	15
差別	25
参画の段階	152
産後ケア事業	79

産婦健康診査 …………… 79	社会的暴力 …………… 115	心理的虐待 …………… 106
シーボーム・ラウントリー … 61	社会的養護 …………46, 47	心理的ケア機能 ………… 48
ジェンダーアイデンティ	…の原理 ……………… 48	心理療法担当職員 ……52, 53
ティ ……………… 192	集会・結社の自由 ……… 144	スクールカウンセラー ……… 70
ジェンダー・バイアス ……… 194	宗教 ………………… 186	スクールソーシャルワー
支援費制度 …………… 35	就業率 ………………… 11	カー ……………… 70
四箇院 ………………… 4	恤救規則 ………………… 5	健やか親子21 ………… 84
仕事と生活の調和 ……… 92	出生前診断 …………… 78	スティグマ …………5, 153
施設型給付 …………92, 160	主任児童委員 ………… 35	ストレングス ……………… 9
施設保育士 …………… 54	小1の壁 ……………… 84	成育基本法 …………… 86
市町村 ………………… 34	障害児 ……………38, 134	生活機能モデル ………… 133
実施機関 ……………… 35	障害児通所支援 ……… 139	生活保護 ……………… 69
児童 …………………… 38	障害児福祉手当 ……41, 140	性自認 ………………… 192
児童委員 ……………… 35	障害者総合支援法 …… 139	精神障害 ……………… 136
児童館 ………………… 82	障害者の日常生活及び社会	精神的幸福度 ………… 145
児童虐待 …………15, 24, 104	生活を総合的に支援する	生存権 ………………… 8
児童虐待の防止等に関する	ための法律 ………… 139	性的虐待 ……………… 106
法律 ……………… 104	少子化社会対策基本法 ……… 92	性的マイノリティ ……… 191
児童虐待防止法 ……… 104	少子化対策 …………… 91	性役割 ………………… 192
児童憲章 …………32, 148	少子化対策プラスワン …… 91	セーフティネット ……… 70
児童厚生員 …………… 82	少子高齢化 …………… 10	接近禁止命令 ………… 114
児童厚生施設 ………… 82	少年 ……………38, 120	絶対的貧困 …………60, 61
児童自立支援施設 …… 52	少年非行 ……………… 120	セツルメント運動 ……… 6
児童自立支援専門員 …… 52	ショートステイ ……51, 116	送迎対応 ……………… 172
児童心理司 …………… 53	触法少年 ……………… 120	相対的貧困 ………60, 61, 62
児童心理治療施設 …… 51	所得制限 ……………… 140	相対的貧困率 ………… 64
児童相談所 …………35, 53	所得保障 ……………… 69	
児童手当 ……………… 42	自立支援 ……………… 55	**た～と**
児童手当法 …………… 42	自立支援協議会 ……… 99	
児童の権利に関する宣言 …… 23	新エンゼルプラン ……8, 91	第1次ベビーブーム ……… 90
児童の最善の利益 ……… 23	新救貧法 ……………… 61	第三者評価 …………… 150
児童福祉司 …………… 53	人工妊娠中絶 ………… 78	代替養育 ……………… 47
児童福祉審議会 ……… 35	新生児 ………………… 42	体調不良児対応型 …… 172
児童福祉法 … 7, 8, 23, 33, 36, 77	身体障害 ……………… 135	ダイバーシティ ………… 132
児童扶養手当法 ……… 39	身体的虐待 …………… 105	滝乃川学園 ……………… 6
児童遊園 ……………… 82	身体的健康 …………… 145	多文化共生社会 ……… 25
児童養護施設 ………47, 51	新・放課後子ども総合プラ	多様性 ………………… 132
社会的障壁 …………… 134	ン ………………… 84	短期支援事業 ………… 51
社会的包摂 …………… 132	深夜徘徊 ……………… 125	地域型保育 …………… 160

地域型保育給付 …………… 160
地域支援機能 ………………… 48
知的障害 ………………… 38, 135
知的能力 …………………… 136
チャールズ・ブース ………… 61
チルドレン・ファースト …… 92
DV ………………… 15, 114
DV 防止法 ………………… 114
デート DV ………………… 114
特殊詐欺 …………………… 123
特定妊婦 …………………… 46
特別支援教育 ……………… 141
特別児童扶養手当 ……… 41, 140
特別児童扶養手当等の支給
　に関する法律 …………… 41
特別児童扶養手当法 ………… 41
特別障害者手当 ……………… 41
留岡幸助 …………………… 6
ドメスティック・バイオレ
　ンス ………………… 15, 114
トランスジェンダー ………… 192
トワイライトステイ …… 51, 116

な～の

ナショナル・ミニマム ……… 61
難病 ………………………… 137
二次的依存 ………………… 67
日本国憲法 ……………… 33, 36
日本版ネウボラ ……………… 77
乳児 ………………………… 38
乳児院 ……………………… 51
乳児家庭全戸訪問事業 …… 81, 116
乳児死亡率 ………………… 76
乳幼児健診 ………………… 79
妊産婦 …………………… 38, 42
認定こども園 ……………… 160
妊婦健康診査 ……………… 78
ネウボラ …………………… 77

ネグレクト ………………… 106
ネットワーク ………………… 98
ノーマライゼーション ……… 132
野口幽香 …………………… 6

は～ほ

パーマネンシー ………… 9, 55
はじめの 100 か月の育ち
　ビジョン ………………… 94
パターナリズム …………… 154
働き方改革 ………………… 12
発達障害 …………………… 136
発達障害児 ………………… 38
バンク－ミケルセン ……… 132
反抗挑戦性障害 …………… 127
犯罪少年 …………………… 120
ピーター・タウンゼント …… 61
非行少年 …………………… 120
非参画 ……………………… 152
非施設型（訪問型）………… 172
ひとり親家庭 ……………… 24
丙午 ………………………… 90
病後児対応型 ……………… 172
病児対応型 ………………… 171
病児・病後児保育事業 ……… 171
貧困 …………………… 60, 69
貧困線 ……………………… 61
貧困率 ……………………… 24
ファミリー・サポートセン
　ター事業 ………………… 175
フードバンク ……………… 153
フォスタリング業務 ………… 55
福祉国家 …………………… 61
福祉事務所 ………………… 35
父子世帯 …………………… 39
父子福祉資金 ……………… 40
二葉幼稚園 ………………… 6
不良行為 ……………… 52, 120

不良少年 …………………… 120
保育所 ……………………… 160
保育短時間 ………………… 160
保育標準時間 ……………… 160
放課後子ども総合プラン …… 84
放課後児童クラブ …… 12, 82, 83
放課後児童健全育成事業
　……………………… 12, 82, 83
放課後児童対策パッケージ …… 84
方面委員制度 ………………… 5
保健所 ……………………… 35
保護者 …………………… 38, 105
母子健康手帳 …………… 41, 79
母子支援員 ………………… 52
母子生活支援施設 …………… 52
母子世帯 …………………… 39
母子福祉資金 ……………… 40
母子福祉法 ………………… 8
母子及び父子並びに寡婦福
　祉法 ………………… 8, 40
母子父子寡婦福祉法 ……… 8, 40
母子・父子自立支援員制度 …… 40
母子保健 …………………… 76
母子保健法 ……………… 41, 77
母性 ………………………… 41
母体保護法 ………………… 78
ポピュレーションアプロー
　チ ………………………… 81

ま～も

マタニティハラスメント …… 92
未熟児 ……………………… 42
民生委員 …………………… 6
無告の窮民 ………………… 5
メインケアラー …………… 15
面前 DV ……………… 47, 107

や～よ

ヤングケアラー ………………… 14
養育機能 ……………………… 48
養育支援訪問事業 ………… 116
養育放棄 ……………………… 47
幼児 …………………………… 38
要支援児童 …………………… 46
幼稚園 ……………………… 160
要保護児童 …………………… 46
要保護児童対策地域協議会
　………………………… 35, 98
予防接種 ……………………… 80

ら～ろ

療育手帳 …………………… 136
ルッキズム …………………… 26
労働力人口 …………………… 10

わ～ん

ワーク・ライフ・バランス ……… 92

● 編集

新沼英明

桜花学園大学保育学部教授

1976年岩手県生まれ。北海道医療大学大学院看護福祉学研究科修士課程修了。修士（臨床福祉学）。社会福祉士、保育士。

行政でのソーシャルワーカー、山形短期大学子ども学科講師、函館短期大学保育学科専任講師、准教授、名古屋短期大学保育科准教授、教授を経て、現在は桜花学園大学保育学部保育学科教授、同大学学長補佐。専門は臨床福祉学、子育て支援（保育）施策。

● 執筆者 (五十音順)

荒井和樹 (あらい・かずき) …… Chapter11

特定非営利活動法人全国こども福祉センター理事長／中京学院大学短期大学部健保育科専任講師

李　東振 (い・どんじん) …… Chapter15・Section 1

同志社大学大学院社会学研究科社会福祉学専攻博士後期課程

上島　遥 (かみじま・はるか) …… Chapter12

愛知文教女子短期大学幼児教育学科専任講師

川村幾代 (かわむら・いくよ) …… Chapter 6

函館短期大学保育学科専任講師

姜　民護 (かん・みんほ) …… Chapter15・Section 2、3

同志社大学社会学部社会福祉学科助教

曽根章友 (そね・あきとも) …… Chapter 3

東北文教大学人間科学部准教授

寺谷直輝 (てらたに・なおき) …… Chapter14

聖霊女子短期大学生活文化科専任講師

中嶋麻衣 (なかじま・まい) …… Chapter10

高田短期大学子ども学科講師

長瀬啓子 (ながせ・けいこ) …… Chapter 4

東海学院大学人間関係学部准教授

新沼英明 (にいぬま・ひであき) …… Chapter 2、Chapter 9

前掲

平野華織 (ひらの・かおり) …… Chapter 7

中部学院大学人間福祉学部教授

平松喜代江 (ひらまつ・きよえ) …… Chapter 8

ユマニテク短期大学幼児保育学科教授

真鍋顕久 (まなべ・あきひさ) …… Chapter13

岐阜聖徳学園大学教育学部准教授

保田真希 (やすだ・まき) …… Chapter 1、Chapter 5

北翔大学短期大学部こども学科准教授

こどもまんなか福祉論
保育士養成課程「子ども家庭福祉」テキスト

2024年9月1日　発行

編 著 者　新沼英明
発 行 者　荘村明彦
発 行 所　中央法規出版株式会社
　　　　　〒110-0016
　　　　　東京都台東区台東3-29-1　中央法規ビル
　　　　　TEL 03-6387-3196
　　　　　https://www.chuohoki.co.jp/

印刷・製本　　　　　株式会社太洋社
本文・装幀デザイン　澤田かおり（トシキ・ファーブル）

定価はカバーに表示してあります。
ISBN978-4-8243-0018-8

本書のコピー、スキャン、デジタル化等の無断複製は、著作権法上での例外を除き
禁じられています。また、本書を代行業者等の第三者に依頼してコピー、スキャン、
デジタル化することは、たとえ個人や家庭内での利用であっても著作権法違反です。
落丁本・乱丁本はお取り替えいたします。
本書の内容に関するご質問については、下記URLから「お問い合わせフォーム」に
ご入力いただきますようお願いいたします。
https://www.chuohoki.co.jp/contact/

A018